kritik & *utopie* ist die politische Edition im mandelbaum *verlag*.
Darin finden sich theoretische Entwürfe ebenso wie Reflexionen aktueller sozialer Bewegungen, Originalausgaben und auch Übersetzungen fremdsprachiger Texte, populäre Sachbücher sowie akademische und außeruniversitäre wissenschaftliche Arbeiten.

Nähere Informationen unter
www.kritikundutopie.net

Raul Zelik

DIE LINKE IM BASKENLAND

Eine Einführung

mandelbaum *kritik & utopie*

Satz: Kevin Mitrega
Umschlag: Michael Baiculescu
Druck: Primerate, Budapest

Inhaltsverzeichnis

Einleitung

Viele Jahre lang wurde das Baskenland fast ausschließlich mit den Anschlägen der ETA in Verbindung gebracht. Die Bilder der Autobomben machten die Ursachen des Konflikts und die politischen Ziele der Unabhängigkeitsbewegung weitgehend unsichtbar. Spanische und europäische Medien zeichneten das Bild eines ethnischen, gegen demokratische Grundrechte gerichteten Terrors. An den ETA-Attentaten, die zwischen 1968 und 2010 mehr als 800 Menschen das Leben kosteten, gibt es nichts zu beschönigen, und doch ist diese Darstellung nicht nur unvollständig, sondern falsch. Sie unterschlägt, dass der baskische Konflikt – ganz ähnlich wie der irische – tiefe historische Wurzeln hat und dass die Unabhängigkeitsbewegung im Baskenland noch sehr viel deutlicher als die nordirische IRA immer auch ein Projekt der sozialen Emanzipation verfolgte. In keiner anderen westeuropäischen Region hat es nach 1975 so starke und vielfältige Massenkämpfe gegeben wie im Baskenland, nirgends sonst war die staatliche Repression so massiv und das Geflecht aus sozialen Bewegungen und linken Organisationen so dicht. Dieser verschütteten Geschichte der baskischen Linken widmet sich das vorliegende Buch.

Einige Teile davon erschienen 2017 unter dem Titel *La izquierda abertzale acertó* im baskischen Verlag Txalaparta.

Die Publikation war ein Beitrag zur Diskussion im Baskenland, wo viele Anhänger*innen der Unabhängigkeitsbewegung nach dem Ende der ETA 2011 über die Neuausrichtung linker Politik nachdachten. Über 50 Jahre lang war der bewaffnete Widerstand zentraler Bestandteil des Kampfs um Selbstbestimmung und soziale Veränderungen gewesen. Obwohl die Anschläge der ETA auch in der Unabhängigkeitsbewegung immer umstritten gewesen waren, hatte die Untergrundorganisation doch für einen großen Teil der Linken eine wichtige Referenz dargestellt. Die Tatsache, dass nach so vielen Jahrzehnten des Kampfs keine Verhandlungslösung und nicht einmal Hafterleichterungen für die 700 Gefangenen durchgesetzt werden konnten, führte bei vielen Linken zu großer Verunsicherung.

Dieses Buch ist der Versuch, die Erfolge der Unabhängigkeitsbewegung in der Alltags- und Organisierungsarbeit herauszuarbeiten und zu fragen, was hiervon nach dem Strategiewechsel der Linken Bestand haben könnte. Aus diesem Grund wird im zweiten Teil des Buchs jedes Kapitel mit einer Art Kontextualisierung eingeleitet. So wird beispielsweise der gramscianische Hegemoniebegriff skizziert, bevor die Bedeutung der Populär- und Gegenkultur für die Verankerung der baskischen Linken untersucht wird. Diese Herleitungen sollen aufzeigen, inwiefern bestimmte Aspekte linker Politik im Baskenland (hinsichtlich der kulturellen Arbeit und lokalen Verankerung, des Verhältnisses zwischen außerparlamentarischen Bewegungen und institutioneller Politik, der soziologischen Zusammensetzung und Organisationskultur sowie auf dem Feld der Solidarökonomie) auch außerhalb des Baskenlands relevant sein könnten.

Es versteht sich dabei von selbst, dass sich die baskischen Erfahrungen grundsätzlich von jenen in Deutschland oder Österreich unterscheiden. Dass sich Linke im Baskenland positiv auf Folklore beziehen, hat mit der Repression zu tun, die die baskische Kultur vor allem während der Franco-Diktatur erlitt und die jene widerständig aufgeladen hat. In Deutschland oder Österreich, wo es keine Unterdrückung der Populärkultur durch den Nationalstaat gab, stellt sich die Lage völlig anders dar. Man muss sich also bei der Lektüre vergegenwärtigen, dass auch innerhalb der EU ganz unterschiedliche Dinge gemeint sein können, wenn von Gemeinschaft, Sprache, eigener Kultur die Rede ist. Zeichen, die in Deutschland eindeutig rechts besetzt sind (wie zum Beispiel eine Nationalfahne), haben im Baskenland eine grundlegend andere Bedeutung. Eine baskische Fahne mit Antifa-Emblem oder dem feministischen Venussymbol zu sehen ist beispielsweise alles andere als ungewöhnlich.

Vorausgeschickt werden muss auch, dass der Begriff der »baskischen Linken« eine Vereinfachung ist. Im Baskenland gibt es selbstverständlich auch eine Linke, die nicht für die Unabhängigkeit eintritt. Die spanischen Linksparteien Izquierda Unida und neuerdings Podemos, die Gewerkschaften CCOO und UGT, anarchistische und autonome Gruppen existieren auch im Baskenland. Dieses Spektrum wird nicht deshalb hier unterschlagen, weil ihm die Eigenschaft abgesprochen werden soll, links und baskisch zu sein, sondern aufgrund eines Übersetzungsproblems. Dieses Buch beschäftigt sich fast ausschließlich mit der *Izquierda Independentista*, die sich seit den 1970er Jahren um die Wahlbündnisse Batasuna und EH Bildu herum gruppiert und mit der lateinamerikanischen Linken mehr Gemeinsamkeiten aufweist als mit der französischen PCF oder der spanischen Izquierda Unida.

Auf Baskisch bezeichnet sich diese Strömung als *Ezker Abertzalea* (»patriotische Linke«), definiert sich selbst aber als »nicht-nationalistisch«. Im folgenden Kapitel werde ich erläutern, inwiefern die Unabhängigkeitslinke mit nationalistischen Ideologien gebrochen hat. An dieser Stelle genügt der Hinweis, dass ich die Bezeichnungen »baskische Linke«, »Unabhängigkeitslinke« und »Izquierda Abertzale« synonym verwende. Damit gemeint sind jene 15 bis 25 Prozent der Bevölkerung, die die Unabhängigkeit des Baskenlandes anstreben und sozialistische, feministische und ökologische Positionen vertreten. Die baskischen Sektionen von Podemos, Izquierda Unida, UGT und CCOO hingegen werden einfachheitshalber der »spanischen Linken« zugeschlagen.

Im Baskenland, wo viele Jahrhunderte lang mindestens drei Sprachen gesprochen wurden, haben fast alle Ortschaften zwei Namen. Pamplona, das den Bask*innen als historische Hauptstadt gilt, wird Irunea genannt, die wegen ihrer Genossenschaften weltberühmte Kleinstadt Mondragón heißt auf Euskara Arrasate, und die Küstenstadt San Sebastián ist für die Euskaldunak Donosti. In diesem Buch werden baskische, französische und spanische Bezeichnungen gleichermaßen verwendet, was der mehrsprachigen Realität entspricht.

Eine kurze Geschichte der Unabhängigkeitslinken

Baskenland, Euskal Herria, Euskadi ...?

Das Baskenland gehört zu jenen – gar nicht so wenigen – Regionen Westeuropas, deren Bewohner*innen nach gängiger Definition zwar eine Nation bilden, die aber in der europäischen Staatenbildung der Moderne einer anderen Staatsnation zugeschlagen wurden. Als Nation wird gewöhnlich eine Gemeinschaft mit gemeinsamer Sprache, Kultur, Tradition und Herkunft bezeichnet. Wie auf Kors*innen, Breton*innen, Katalan*innen und Waliser*innen trifft diese Definition auch auf die Bask*innen zu. Das Euskara ist nicht nur eine eigenständige Sprache, sondern gehört auch keiner der europäischen Sprachfamilien an. Es kennt sechzehn Fälle, die Konjugation stützt sich auf die Hilfsverben *izan* (sein; intransitives Hilfsverb) und *ukan* (transitives Hilfsverb), die Hunderte verschiedener Formen annehmen können, und wer keinen Sprachkurs belegt hat, kann sich aus den benachbarten romanischen Sprachen (Spanisch, Französisch, Béarnais und Okzitanisch) kaum etwas ableiten.

Da im Baskenland auch eine eher seltene Blutgruppenkombination verbreitet ist, nimmt man an, dass viele

Bewohner*innen der Region von einer Bevölkerung abstammen, die bereits vor der indoeuropäischen Migration am Golf von Biscaya siedelte. Trotz dieser klaren vier Merkmale formierten sich die Bask*innen nie als politische Einheit. Die Bezeichnung Euskal Herria bedeutet »Baskenland«, aber auch »baskisches Volk«, wobei die Zugehörigkeit sprachlich definiert ist. *Euskaldunak* sind diejenigen, die baskisch sprechen. Ein eigenes Wort für »Herkunftsbasken« gibt es nicht. Dementsprechend ist auch eine Senegalesin oder ein Deutscher *euskaldun*, sobald sie oder er sich auf Baskisch

verständigen. Für diejenigen, die die Sprache neu erlernen, gibt es die Bezeichnung *euskaldunberri* (»Neubask*in«). Da wegen der Sprachpolitik Spaniens und Frankreichs auch ein großer Teil der »Herkunftsbask*innen« das Euskara als Erwachsene erst erlernen mussten, gibt es keine Unterscheidung zwischen zugezogenen und immer schon dort lebenden »Neubask*innen«. Und noch in einer weiteren Hinsicht verzichtet die Sprache auf Differenzierung: Sie kennt keine grammatischen Geschlechter.

Das Baskische wurde früh, nämlich um das Jahr null herum, vom Lateinischen zurückgedrängt. Aufgrund von Ortsnamen geht man davon aus, dass das Euskara in vorrömischer Zeit bis nach Bordeaux, Andorra und Huesca gesprochen wurde; manche Sprachtheorien gehen sogar von einem baskischen Ursprung einiger deutscher Ortsnamen aus.[1]

1 Elisabeth Hamel/Theo Vennemann: Vaskonisch war die Ursprache des Kontinents, in: Spektrum der Wissenschaft 5/2002.

Die Unabhängigkeitsbewegung, die sich Ende des 19. Jahrhunderts formierte, bezog sich jedoch nicht auf den Verbreitungsraum des Euskara, sondern auf sieben historische Provinzen, die den Kern des Königreichs Navarra ausmachten und nach dem Anschluss an Kastilien Bestand hatten: Bizkaia (mit der Hauptstadt Bilbao), Gipuzkoa (Donosti/San Sebastián), Araba (Gasteiz/Vitoria), Nafarroa (Irunea/Pamplona), Benafarroa (Donibane Garazi/Saint-Jean-Pied-de-Port), Lapurdi (Baiona/Bayonne) und Zuberoa (Maule Lextarra/Mauléon-Licharre). Diese sieben Provinzen, in denen heute etwa drei Millionen Menschen leben, umfassen ein Gebiet von 20.000 Quadratkilometern – hinsichtlich Fläche und Bevölkerungszahl ist das Baskenland ungefähr vergleichbar mit (dem etwas dünner besiedelten) Slowenien.

Wie bei fast allen Nationalitätenkonflikten ist bereits diese Grenzziehung strittig. Die spanische Mehrheitsgesellschaft meint mit »Euskadi« lediglich die gleichnamige Autonomiegemeinschaft, die aus den drei Provinzen Araba, Bizkaia und Gipuzkoa besteht. Einer der zentralen Aspekte des baskischen Konflikts ist dementsprechend die Frage, ob und wie die historische Aufteilung in Iparralde (französisches Nordbaskenland), Euskadi/Comunidad Autónoma Vasca und Navarra überwunden werden soll.

Historisch betrachtet, existierte bis 1512 ein Königreich Navarra, in dem das Euskara die wichtigste Sprache war. Doch da die dynastischen Reiche der frühen Neuzeit mit dem Nationalstaat der Gegenwart wenig gemein hatten, lassen sich die Grenzen der baskischen Nation daraus kaum ableiten. Eine Definition auf Grundlage der Kultur bleibt ebenfalls unscharf, weil die Bevölkerung des Baskenlandes mehrsprachig und multikulturell ist. Im Süden der Provinz Araba, in der Region um Bilbao und entlang des Ebro in Navarra, wird das Baskische teilweise schon seit vielen Jahrhunderten kaum noch gesprochen, in Biarritz ist es mittlerweile nur noch vierte Sprache nach dem Französischen, Englischen und Spanischen. Was jedoch kaum bestritten werden kann, ist die Existenz einer baskischen Widerstandsgeschichte.

Nach der Eingliederung Navarras unter die kastilische Krone besaßen die Provinzen Bizkaia, Gipuzkoa, Araba und Navarra bis ins 19. Jahrhundert eigene Rechte, die sogenannten *Fueros*. Bestandteil dieses Status war, dass die Provinzen zwar formal der Krone unterstanden, aber kaum Verpflichtungen gegenüber dem Königshaus besaßen. Bemerkenswert war zudem, dass sämtliche Bewohner*innen der aufgrund ihrer bergigen Landschaft für den Großgrundbesitz unattraktiven Provinzen Vizcaya und Gipúzcoa als Adelige anerkannt waren. Dementsprechend gab es im baskischen Kernland keine feudale Klassenherrschaft, sondern ein traditionelles System der Dorfgemeinschaften, in dem die Versammlung der männlichen Bewohner die Entscheidungen traf.

Auch der Katholizismus setzte sich in der Region relativ spät, dafür aber sehr erfolgreich durch. Noch im 16. und 17. Jahrhundert war die Inquisition in vielen Bergdörfern damit beschäftigt, Hexenversammlungen (*akelarre*) zu verfolgen, was auf die Existenz von Naturkulten mit einer starken Stellung der Frauen verweist. Dass mit den Jesuiten einer der mächtigsten katholischen Orden seinen Sitz im Baskenland hat, zeigt aber auch, wie groß die Macht der Kirche wurde, die dabei allerdings immer ein politisches Kampffeld blieb. Der in den 1530er Jahren vom ehemaligen Offizier Ignacio de Loyola gegründete Jesuitenorden wirkte von Gipuzcoa aus und stand dem baskischen Nationalismus, teilweise sogar der Linken nahe. Der 1928 ins Leben gerufene Opus-Dei-Orden hingegen, der im navarrischen Pamplona seine Universität gründete, wurde zur zentralen Säule des Franquismus. Vor diesem Hintergrund repräsentierten die Bischöfe von San Sebastián und Pamplona im 20. Jahrhundert oft unterschiedliche politische Lager. Die baskische Kirche war eher antifranquistisch, die navarrische Opus-Dei-Universität blieb auch nach der Diktatur die wichtigste Kaderschmiede der Rechten.

Bis ins 19. Jahrhundert spielte der baskische Nationalitätenkonflikt allerdings keine sichtbare Rolle. Erst mit der Formierung des spanischen Nationalstaates entstand eine baskische Gegenbewegung. Das manifestierte sich vor allem in den Karlistenkriegen 1833 bis 1839 und 1872 bis 1876. Eigentlich handelte es sich dabei um Erbfolgekriege, doch während die Bourbonen den Aufbau eines modernen Nationalstaates forcierten, versprachen die konservativeren Karlisten, die alten Sonderrechte zu bewahren. Vor diesem Hintergrund schlugen sich Katalonien und das Baskenland im 19. Jahrhundert immer wieder auf die Seite des Karlismus. Der endgültige Sieg der Bourbonen 1876 besiegelte dann nicht nur den Erbfolgestreit, sondern auch das Ende der *Fueros*, was für die Bask*innen eine politische Regression bedeutete. Immerhin hatte das Baskenland mit den Juntas (einer Versammlung von Dorfgesandten, die sich in Bizkaia beispielsweise regelmäßig unter der Eiche von Gernika trafen) und dem universellen Adelstitel (*hidalguía universal*) so etwas wie eine protorepublikanische Form gekannt.

Entstehen des baskischen Nationalismus

Der baskische Nationalismus entstand in den 1890er Jahren unter dem Eindruck der rasanten Industrialisierung des Großraums Bilbao. Die Hafenstadt war aufgrund ihrer Erzvorkommen und eines neuen Verfahrens zur Stahlerzeugung zu einer der am schnellsten wachsenden Städte Europas geworden. Der Modernisierungsprozess, der vor allem auf Handelsbeziehungen mit England beruhte, löste drei Entwicklungen aus: die dramatische Verelendung Bilbaos, eine Massenmigration aus den armen Regionen Kastiliens und Galiciens (später auch aus dem Süden Spaniens) und eine radikale Transformation der bis dahin agrarisch geprägten Region. Die Situation der zugewanderten Arbeiterklasse war fürchterlich, aber auch für die einheimische Bevölkerung waren die Veränderungen drastisch. Die traditionelle Lebensweise wurde ihrer Grundlage beraubt, die baskische Sprache unter anderem durch die Assimilationspolitik des Zentralstaats marginalisiert und die Naturlandschaft regelrecht umgegraben. Das sieht man dem Baskenland bis heute an: Die autochthonen Mischwälder sind verschwunden und durch forstwirtschaftliche Monokulturen ersetzt worden; trotz der vielen Berge gibt es kaum ein Tal, das nicht von Autobahnen, Fabriken oder Steinbrüchen durchschnitten wird.

Die Verdrängung der bäuerlichen Lebensweise, die Marginalisierung des Euskara und der europäische »Völkerfrühling«, der überall in Europa die Gründung neuer Nationalbewegungen nach sich zog, führten im Baskenland zum Entstehen einer Bewegung, die die Existenz einer baskischen Nation proklamierte und die Wiederherstellung der *Fueros* forderte.

Die Gründung des Partido Nacionalista Vasco (Euzko Alderdi Jeltzalea), der Baskisch-Nationalistischen Partei, im Jahr 1895 geht schließlich auf Sabino Arana zurück. Der 1865 geborene Schriftsteller war Anhänger des Karlismus und propagierte einen aus heutiger Sicht rechtsextremen, für das späte 19. Jahrhundert aber eher gängigen Nationenbegriff.
Der Schweizer Historiker Josef Lang schreibt in seinem bis heute lesenswerten Buch *Das baskische Labyrinth*:

> »Der sabinische Nationalismus, der 1893 bis 1904 dominierte, vertrat den Mythos eines einst unabhängigen und demokratischen Baskenlands und das Idyll eines vorindustriell-friedlichen Euskadi. Die Hauptfeinde seiner unterdrückten und entfremdeten Heimat sah er in der spanisch gesinnten Großbourgeoisie und im Sozialismus der kastilianischen Einwanderer, die er verächtlich *maketos* nannte. Er trat ein für ein unabhängiges Euskadi, wo das Euskara die einzige offizielle Sprache war, die katholische Religion die moralischen Grundsätze bestimmte, Nicht-Basken keine demokratischen Rechte besaßen und mehr soziale Gerechtigkeit herrschte.«[2]

Der katholische, frauenfeindliche und ethnizistische Charakter der frühen PNV war es denn auch, der den Histori-

2 Josef Lang: Das baskische Labyrinth, Frankfurt 1983, S. 28.

ker Eric Hobsbawm zu seiner berühmten und vernichtenden Bewertung der baskischen Bewegung veranlasste.[3] Doch man muss Hobsbawms Urteil relativieren: Zum einen lässt sich der baskische Ethnizismus kaum mit dem der europäischen Staatsnationen vergleichen. Die Bask*innen waren eine Minderheit im eigenen Land, und das Kleinbürgertum, das sich um 1900 hinter der PNV und dem Klerus versammelte, weit davon entfernt, das imperialistische Projekt einer Herrenrasse zu verfolgen. Zum anderen ist der PNV-Gründer Sabino Arana zwar bis heute ein Emblem der baskischen Bewegung, doch seine ethnizistischen Ideen spielen schon seit 100 Jahren keine Rolle mehr in den baskischen Parteien – weder in der christdemokratischen PNV (die seit 1979 fast ununterbrochen die Autonomieregierung stellt) noch in der linken Unabhängigkeitsbewegung.

Was von Arana blieb, sind seine Forderung nach Anerkennung einer aus sieben Provinzen bestehenden baskischen Nation, die *Ikurrina*, die von Arana entworfene rot-grün-weiße Nationalfahne, sowie der Kunstname »Euzkadi« . Da das traditionelle *Euskal Herria* keine Unterscheidung zwischen Bevölkerung, Volk, Dorf und Sprache macht, schuf Arana das neue Wort, das heute zwar die offizielle Bezeichnung für die Autonomiegemeinschaft (Gipuzkoa, Araba und Bizkaia) ist, von der Unabhängigkeitsbewegung – anders als von der regionalistischen PNV – aber schon seit Jahrzehnten nicht mehr verwendet wird.

3 Eric Hobsbawm: Nation and Nationalism since 1780, Cambridge 1990.

Nach Aranas Tod 1903 veränderte sich die PNV unter dem Einfluss baskischer Großindustrieller schnell und wurde zu jener christdemokratischen Regionalpartei, die sie bis heute geblieben ist. Josef Lang erklärt diesen Wandel damit, dass die baskischen Unternehmer die PNV als Möglichkeit erachteten, eine nationalistische Ideologie der Sozialpartnerschaft zu verbreiten. In diesem Zusammenhang sei auch die Gründung der PNV-nahen, katholischen Gewerkschaft *Solidaridad de Obreros Vascos* 1911 zu sehen, die der sozialistischen UGT und der anarchistischen CNT das Wasser abgraben sollte. Bemerkenswerterweise veränderte sich aber auch diese Gewerkschaft im Verlauf des 20. Jahrhunderts stark. Heute verwendet sie nur noch den baskischen Namen ELA (Eusko Langileen Alkartasuna) und steht links von den spanischen Gewerkschaften UGT und CCOO.

Trotz ihrer Nähe zum baskischen Unternehmertum positionierte sich die PNV während des Spanischen Bürgerkriegs aufseiten der Linken, was nicht zuletzt damit zu tun hat, dass nationale und soziale Forderungen sich während der Zweiten Republik 1931 bis 1939 immer deutlicher verschränkten. Ähnlich wie die Bergarbeiterreviere Asturiens war die Region um Bilbao zu einem Schwerpunkt der Arbeiterkämpfe geworden. Das baskische Bürgertum und die unternehmerfreundliche PNV standen den sozialrevolutionären Bewegungen in der Arbeiterschaft zwar feindlich gegenüber, aber die Aggressivität der zentralistischen Rechten drängte das baskische und katalanische Bürgertum trotz ihrer ökonomischen Interessen in ein Bündnis mit der Linken. Die Forderung nach mehr Selbstbestimmung war nur gegen die spanische Rechte durchzusetzen. Das erklärt, warum sich die baskische Christdemokratie bei Kriegsausbruch im Juli 1936 nicht auf die Seite der Franquisten schlug, in deren Reihen auch der navarrische Karlismus kämpfte, sondern sich der antifaschistischen Linken anschloss. Diese Entscheidung prägt die Nationalitätenkonflikte im spanischen Staat bis heute. In der gängigen, auch von spanischen Linken vertretenen Interpretation handelt es sich bei den Unabhängigkeitsbewegungen Kataloniens und des Baskenlandes um wohlstandschauvinistische Bewegungen des begüterten Nordens, der nicht mit den ärmeren Regionen auf der iberischen Halbinsel teilen will. Tatsächlich jedoch stehen die bürgerlichen Parteien des Baskenlandes und Kataloniens auch sozialpolitisch der spanischen Sozialdemokratie näher als der konservativen PP. Republikanische und antifranquistische Grundüberzeugungen sorgen dafür, dass sich die bürgerlichen Nationalbewegungen in dem Maß nach links bewegen, wie sie in einen Konflikt mit dem Zentralstaat geraten. Das war während des Bürgerkriegs so, wiederholte sich um die Jahrtausendwende mit dem Friedensprozess von Lizarra-Garazi und dem Ibarretxe-Plan im Baskenland und zeigte sich erneut mit dem Erstarken der katalanischen Unabhängigkeitsbewegung 2010 bis 2018.

Warum ist das so? Die Erklärung ist in der Natur des spanischen Staatsprojekts zu finden. Der ökonomischen Struktur des kastilischen Zentralstaats liegt historisch ein extraktives Muster zugrunde: Die feudale Klassenherrschaft beruhte über viele Jahrhunderte auf einer aggressiven Politik der Eroberung und Ausplünderung von Gebieten. So folgten auf die *»Reconquista«* Andalusiens, die dafür gesorgt hat, dass der Süden Spaniens bis heute von einer Großgrundbesitzerklasse dominiert wird, wie man sie sonst nur in Lateinamerika kennt, die Inbesitznahme der Kanaren im 15. Jahrhundert, die mit der Auslöschung der dort lebenden Bevölkerung endete, und schließlich die blutige Kolonisierung Lateinamerikas, die in Spanien heute euphemistisch als »Begegnung zweier Welten« bezeichnet wird und einer neuen Studie zufolge etwa 50 Millionen Indigenen das Leben kostete.[4] Die politische Macht der Krone beruhte dabei auf der Allianz zwischen einer extraktiven Feudal- und Kolonisatorenklasse und dem Klerus. Die Bourgeoisien Kataloniens und des Baskenlands waren zwar an der Kolonisierung beteiligt und spielten ökonomisch immer eine herausragende Rolle, doch gleichzeitig blieben sie der (vor allem militärisch und politisch fundierten) Macht des Zentralstaats untergeordnet. Das historische Drama Spaniens besteht darin, dass der reaktionäre Block aus Adel, Klerus, Krone und Finanzoligarchie alle bürgerlichen und sozialistischen Bewegungen erfolgreich unterdrückte. In diesem Sinne vereinigte das Projekt Spanien schon vor der gewaltsamen Errichtung der Franco-Diktatur drei Ziele: a) die Abwehr jener republikanischen Modernisierungsbestrebungen, wie sie sich um 1918 fast überall in Europa durchsetzten, b) die Unterdrückung der sozialistischen und anarchistischen Arbeiterbewegung und c) die Verteidigung der zentralstaatlichen Macht, die extraktive Praktiken gegenüber den peripheren Territorien

4 Alexander Koch et al.: Earth system impacts of the European arrival and Great Dying in the Americas after 1492, in: Quaternary Science Reviews, January 2019, https://www.sciencedirect.com/science/article/pii/S0277379118307261.

erlaubte. Es war also der nationalistisch-reaktionäre Charakter des Staatsprojekts, der dem Nationalismus im Baskenland und in Katalonien erst Leben einhauchte und ihn dann nach links trieb.

Gemeinsame Streiks von STV/ELA und UGT in den 1930er Jahren und der Ausbruch des Bürgerkriegs ließen die spanische Linke und den baskischen Nationalismus endgültig zusammenrücken. In dieser Zeit entstand auch die erste Partei der *Izquierda independentista*. Bis 1930 war unter den Linken im Baskenland die sozialistische PSOE dominant gewesen, die in Spanien zu diesem Zeitpunkt deutlich links der europäischen Sozialdemokratie stand. (Der Anarchosyndikalismus spielte in der baskischen Industriearbeiterschaft hingegen, anders als in Katalonien, nur eine untergeordnete Rolle.) Nun fand die antimonarchistische, republikanische und laizistische Haltung der spanischen Linken auch im baskischen Nationalismus ihre Entsprechung. Mit der Acción Nacionalista Vasca (ANV) wurde 1930 die erste baskische Linkspartei gegründet, die sozialistische und nationale Forderungen miteinander zu verbinden suchte.

Bei den ersten demokratischen Wahlen 1931 schloss sich die ANV im Unterschied zur konservativen PNV dem republikanisch-sozialistischen Wahlbündnis an und ergriff auch beim Ausbruch des Bürgerkriegs im Juli 1936 sofort Partei, während die Christdemokratie noch eine Weile zwischen dem Karlismus, der den Putsch in Navarra aktiv mittrug, und der republikanischen Seite schwankte. Die Entwicklung des Kriegs und die Anerkennung des baskischen Autonomiestatuts durch das republikanische Parlament in

Madrid im Oktober 1936 besiegelten schließlich aber auch die Haltung der konservativen PNV. Unter Ministerpräsident José Antonio Aguirre wurde das Baskenland faktisch unabhängig und kämpfte bis zur Kapitulation im August 1937 gegen die spanische Rechte.

Die linke Unabhängigkeitsbewegung

Die eigentliche Unabhängigkeitslinke entstand jedoch erst zwanzig Jahre später während der Franco-Diktatur. Dabei spielten internationale Faktoren eine wichtige Rolle. Nachdem die spanischen Republikaner*innen schon im Bürgerkrieg von den bürgerlichen Demokratien Europas im Stich gelassen worden waren, wurden sie 1945 erneut verraten. Die Alliierten hatten während des Zweiten Weltkriegs angekündigt, nach einem Sieg über Nazi-Deutschland kein faschistisches Regime in Europa mehr zu dulden. Spanische Antifranquist*innen kämpften vor diesem Hintergrund als Partisan*innen in Frankreich, waren an der Befreiung von Paris beteiligt oder starben als Gefangene im KZ Mauthausen.[5] Der Konflikt mit der Sowjetunion jedoch bewegte die USA und Großbritannien unmittelbar nach Kriegsende zu einem Kurswechsel, und die faschistischen Diktaturen Südeuropas wurden zu engen Verbündeten des Westens. Anders als in Deutschland wurde die NATO in Spanien oder Portugal dementsprechend nie als Bündnis zur Verteidigung der Demokratie wahrgenommen. Dennoch setzten die PSOE,

5 Einer aktuellen Studie des Justizministeriums zufolge starben 4.427 Menschen mit spanischer Staatsangehörigkeit in den KZ Mauthausen und Gudin.

bürgerliche Demokrat*innen und die PNV auch in den 1950er Jahren weiter auf einen diplomatischen Sturz der Diktatur. Anstatt den Widerstand im Landesinneren aufzubauen, wie es die Kommunist*innen versuchten, die nach dem Ende des Partisanenkampfs um 1950 ihre Energie auf den Aufbau einer neuen, illegalen Gewerkschaftsbewegung verwandten, hofften PNV und PSOE auf ein politisches Wunder – einen Kurswechsel des Westens.

Die Agonie ihrer Partei war schließlich die Ursache, warum sich ein Teil der PNV-Jugendorganisation in den

1950er Jahren von der Mutterpartei abwandte und eine illegale Widerstandsgruppe gründete, die sich 1959 den Namen *Euskadi ta Askatasuna* (Baskenland und Freiheit – ETA) gab. Die Aktivitäten der ETA beschränkten sich zunächst auf das Verteilen von Flugblättern oder das nächtliche Aufhängen der baskischen Fahne. Politisch orientierte man sich an den antikolonialen Befreiungsbewegungen; als Vorbilder wurden in den ersten Schriften noch Tunesien und Israel, in den 1960er Jahren dann Länder wie Kuba und Algerien genannt.

Die ETA entwickelte sich in der Folge zu einer politisch-militärischen Organisation, die die nationale Frage in den Mittelpunkt stellte, aber auch als Sammelbecken jener revolutionären Linken fungierte, die den Verzicht der KP auf bewaffneten Widerstand für falsch hielt. Dabei wurden verschiedene ideologische Einflüsse aufgegriffen – der französische Existenzialismus ebenso wie die Theorien der antiimperialistischen Befreiungsbewegungen Lateinamerikas und Afrikas, der Trotzkismus und der Maoismus. Da die Verteidigung der baskischen Sprache zentrales Anliegen der neuen Widerstandsbewegung war und relativ viele Mitglieder der ETA auch schrieben, war der Einfluss des Existenzialismus im Übrigen nicht nur politischer, sondern auch literarischer Natur. Mit dem Aufbau einer revolutionären baskischen Linken ging die Geburt einer modernen baskischsprachigen Literatur einher. Die globale Revolte von 1968 trug zudem auch feministische und gegenkulturelle Forderungen in die Linke.

1968 war auch das Jahr, als die ETA den bewaffneten Kampf aufnahm, den sie – ähnlich wie von Che Guevara in seiner Theorie des Guerillakampfs postuliert – als Mittel verstand, um politisches Massenbewusstsein zu erzeugen. Die Untergrundorganisation propagierte in diesem Sinne eine »Spirale Aktion-Repression-Aktion«, die eine von der Niederlage im Bürgerkrieg traumatisierte Bevölkerung zum Handeln bewegen sollte. Nicht minder bedeutend als der Beginn des bewaffneten Widerstands waren die endlosen Flügelkämpfe, die in der ETA in den 1960er und 1970er Jahren ausgetragen wurden. Fast alle Strömungen der internationalen Linken setzten sich irgendwann einmal auf einem der klandestinen Kongresse durch. Nach der sogenannten »V. Asamblea« der ETA, die 1966/67 im Pfarrhaus von Gaztelu (Gipuzkoa) abgehalten worden war und die Verbindung »kulturalistischer« und klassenkämpferischer Positionen propagierte, gründete ein Teil der Führung die maoistische ETA-Berri, aus der später die »Kommunistische Bewegung des Baskenlandes« (Euskadiko Mugimendu Komunista) hervorgehen sollte. Die VI. Asamblea hingegen, die Anfang der 1970er stattfand, war trotzkistisch dominiert, benannte sich schließlich in LKI (Revolutionäre Kommunistische Liga) um und fusionierte viele Jahre später mit der EMK.

Trotz der vielen Linienkämpfe wurde die ETA schnell populär. Der Prozess von Burgos 1970, bei dem 16 Mitgliedern die Todesstrafe drohte, löste eine internationale Solidaritätswelle aus, der sich unter anderem Jean-Paul Sartre anschloss. Mit dem Attentat auf Admiral Carrero Blanco, den designierten Nachfolger Francos, bewies die ETA 1973 zudem, dass die Diktatur nicht nur angreifbar, sondern auch besiegbar war. Die Organisation tötete den General mit einer Autobombe mitten in Madrid, Carreros Limousine wurde durch die Explosion in den Innenhof eines Klosters geschleudert. In den Zeiten des revolutionären Aufbruchs weckte dieser Anschlag auch bei reformistischen Linken ein Gefühl der Euphorie: Die ETA gewann breite Zustimmung in der Bevölkerung, auf Volksfesten wurde ein Lied über das Attentat auf den verhassten General gesungen. Diese Popularität manifestierte sich einige Jahre später bei den ersten baskischen Autonomiewahlen. Die der ETA nahestehenden, offen revolutionären Linksbündnisse Herri Batasuna (Volkseinheit) und Euskadiko Ezkerra (Linke des Baskenlands) erzielten zusammen fast 30 Prozent der Stimmen – ein in Westeuropa einzigartiges Votum für den bewaffneten Kampf.

Ursache der großen Popularität war die Tatsache, dass sich die ETA als politisch-militärische Organisation begriff, die sich nicht auf bewaffnete Aktionen beschränkte. Während der Diktatur bestand die Organisation aus vier Abteilungen: Neben der militärischen gab es eine politische, eine kulturelle und eine sogenannte »Arbeiterfront«. Während die »politische Front« für die programmatische und Bündnisarbeit zuständig war und sehr schnell für eine Verankerung der Unabhängigkeitslinken in lokalen Institutionen sorgte (die ersten Bürgermeister der Izquierda Abertzale wurden bereits 1976, wenige Monate nach Francos Tod, ins Amt gewählt), widmete sich die kulturelle »Front« dem Aufbau von selbstorganisierten Sprachschulen, Folkloregruppen und Zeitschriften. Damit sollte der vom Staat forcierte Assimilationsprozess gestoppt werden, doch die kulturelle Arbeit ermöglichte es der revolutionären Linken gleichzeitig, sich gesellschaftlich zu verankern. Die Gründung der sogenannten *Ikastolak*, alternativer Schulen, in denen nicht nur Baskisch gelehrt, sondern auch eine progressive Pädagogik zur Anwendung kam, war Ausdruck dieser Anstrengungen.[6] Das für die Transformation der Unabhängigkeitsbewegung aber vielleicht wichtigste Aktionsfeld war die »Arbeiterfront«. Die kommunistische Partei und die linkschristlichen Arbeiterpfarrer, die sich als Geistliche in Fabriken anstellen ließen, um das Alltagsleben ihrer Gemeindemitglieder zu teilen, bauten bereits seit den 1950er Jahren illegale Betriebskomitees auf, die die »vertikalen« franquistischen Gewerkschaften zu unterwandern versuchten. Das Baskenland war neben den Bergarbeiterregionen Asturiens und Nordkastiliens die Bastion der neuen Arbeiterbewegung. Gegen Ende der Diktatur fand ein großer Teil, oft die Hälfte der spanischen Streiks, im Baskenland statt, was einerseits mit dem hohen Industrialisierungsgrad, andererseits aber auch mit der politischen Radikalisierung der Bevölkerung zu tun hatte. Mitte

6 Heute wird über die *Ikastolas* in der Linken kontrovers diskutiert, da die alternativen Privatschulen zur Segregation im Bildungswesen beitragen und die öffentlichen Schulen demokratisiert wurden.

der 1970er Jahre waren eine Vielzahl revolutionärer Organisationen in der Arbeiterschaft aktiv – allein 1975 bis 1976 gab es innerhalb von 15 Monaten sieben Generalstreiks im Baskenland. Aber auch die ETA selbst baute Betriebsgruppen auf, aus denen schließlich die Gewerkschaft LAB hervorgehen sollte, die heute zweitgrößte und tendenziell kämpferischste Arbeiterorganisation in der Region.

Dass es der Unabhängigkeitsbewegung gelang, sich mit den neuen sozialen Kämpfen zu verbinden, die vor allem von den spanischsprachigen Arbeitsmigrant*innen getragen

wurden, hatte mit der politischen Wende zu tun, die die ETA in den 1960er Jahren vollzogen hatte. Der definitive Bruch mit dem ethnizistischen Nationalismus des PNV-Gründers Sabino Arana fand 1966/1967 statt, als sich die ETA auf ihrer »5. Versammlung« als »revolutionär-sozialistische Organisation zur nationalen Befreiung« definierte und das »baskische Arbeitervolk« (*pueblo trabajador vasco*) als politisches Subjekt auserkor. Bask*innen waren demzufolge diejenigen, die »im Baskenland lebten und arbeiteten«. Auf diese Weise wurde die einheimische Industrie- und Finanzoligarchie aus-, die vielen Hunderttausend zugewanderten Arbeitsmigrant*innen aus dem Süden eingebürgert. Anstatt von einer Herkunftsnation ging die ETA damit von einer kulturell und politisch konstruierten Nation aus, die auf Sprache und sozialen Kämpfen beruht. Diese Definition konnte zumindest punktuell an das traditionelle Verständnis von *euskaldun* anknüpfen: Baske/in ist, wer baskisch spricht. Das kulturelle Selbstverständnis hatte zudem auch immer eine starke widerständige Komponente. Da die baskische Kultur vom Franquismus illegalisiert wurde und –

trotz der Förderung durch die Autonomieregierung ab 1979 – auch heute noch durch die spanische Mehrheitsgesellschaft marginalisiert wird, war die Verbindung von Klasse und Kultur (»Arbeitervolk«) immer subversiv aufgeladen. Herkunft hingegen spielte, anders als der Spielfilm *Ocho apellidos vascos* (»Acht baskische Nachnamen«) suggeriert, in der Unabhängigkeitsbewegung keine Rolle mehr. Für die Unabhängigkeitslinke wurde die Sprache zur Achse, an der entlang sich ein Widerstandssubjekt konstituiert. Dieses Subjekt war für Migrant*innen offen.[7]

Nach Francos Tod: Transición und Autonomiestatut

In den 1970er Jahren verwandelte sich das Baskenland in die vermutlich kämpferischste Region Europas. Der Blick vieler Linker richtete sich damals zwar eher nach Italien, teilweise auch nach Frankreich, doch zwischen Pamplona und Bilbao herrschte am Ende der Franco-Diktatur eine Situation, die als vorrevolutionär bezeichnet werden kann. Die Ursache hierfür war, dass sich der demokratische Widerstand, das Entstehen einer neuen und militanten Arbeiterbewegung, die Forderung nach nationaler Selbstbestimmung,

7 Vor allem ab den 1990er Jahren verwendete die ETA jedoch eine Bildersprache, die genau das Gegenteil zu besagen schien. So trat die Organisation bei Interviews in schwarzen Kleidern und mit weißen Kapuzen auf, was unweigerlich an den Ku-Klux-Klan erinnerte; an die Ärmel hatte man sich allerlei Nationalwappen genäht, auf dem Kopf trugen die vermummten ETA-Mitglieder pittoreske Baskenmützen. Dass so viele Kritiker*innen der baskischen Linken Ethnizismus vorwarfen, hat weniger mit deren Politik als mit solchen Symbolen zu tun.

die Jugendrevolte von 1968ff und die Existenz der Stadtguerilla gegenseitig verstärkten. Während sich die Situation im spanischen Staat bald nach Francos Tod wieder beruhigte, geriet die Lage im Baskenland völlig außer Kontrolle. 1977 demonstrierten 200.000 Menschen in Bilbao gegen den Bau des AKW Lemoiz, 1980 besetzten Arbeiter des Stahlwerks Nervacero das Parlament und hielten die Autonomieregierung fest, im selben Jahr gab es 100 Anschläge revolutionärer baskischer Organisationen. Das war nicht zuletzt darin begründet, dass sich die Eliten der Diktatur, anders als in Portugal, an der Macht gehalten hatten und diese Kontinuität des Franquismus heftigen Widerstand provozierte.

Obwohl die *Transición*, die Modernisierung und Öffnung Spaniens ab 1976, von Historiker*innen fast durchweg positiv bewertet wird, trug sie in Wirklichkeit maßgeblich zur Eskalation bei. Grundlage der *Transición* war eine Art Staatspakt zwischen franquistischen Modernisierern, die den wirtschaftlichen Anschluss an Europa suchten, und der aufstiegsorientierten jungen PSOE-Führung, die von der Sozialistischen Internationalen um Willy Brandt und Bruno Kreisky gegen die radikalere Exil-PSOE aufgebaut worden war. Diese Kooperation, die sich in den beiden »Moncloa-Abkommen« von 1977 und der Verfassung von 1978 manifestierte, ermöglichte eine politische und ökonomische Öffnung Spaniens, schrieb gleichzeitig aber die Grenzen der sozialen und demokratischen Veränderung fest. In diesem Sinne wurden zwar die Linksparteien legalisiert, und die PSOE konnte schon 1982 den Regierungschef stellen, doch zentrale Forderungen des antifranquistischen Widerstands wurden zurückgewiesen, und die Machtstrukturen der Diktatur blieben intakt. Der von Franco auserwählte und als Nachfolger aufgebaute König Juan Carlos wurde Staatsoberhaupt, Spanien gab sich keine föderale Verfassung, sondern wurde ein Zentralstaat mit Autonomieregionen, eine Aufarbeitung oder gar Bestrafung der franquistischen Verbrechen der Diktatur wurde verhindert. Justiz, Armee und die paramilitärische Guardia Civil konnten ihre Arbeit bruchlos und mit dem alten Personal fortsetzen, die Medienkonzerne der Diktatur kontrollierten auch weiterhin die öffentliche Meinung (bemerkenswerterweise stammte sogar der Gründer der linksliberalen *El País*, Juan Luis Cebrián, aus dem Kaderapparat der Diktatur), und die ökonomische Macht der Eliten, die sich während des Franquismus durch Zwangsarbeit, Enteignungen, Gewerkschaftsunterdrückung und Großgrundbesitz bereichert hatten, blieb unangetastet. Die *Transición* war in diesem Sinne eben keine umfassende Demokratisierung, sondern eine Operation, die Teilen der franquistischen Eliten den Machterhalt sicherte.

Die baskische Unabhängigkeitslinke war die einzige relevante Kraft im Staat, die diesen autoritären Kern der *Transición* offen benannte. Während die Kommunistische Partei Spaniens und die Regionalparteien (v. a. die PNV und die katalanische CIU) die Verfassung von 1978 mitverabschiedeten, interpretierte die baskische Linke den neuen Staatspakt als eine von NATO und EG unterstützte konterrevolutionäre Maßnahme, mit der die Ausbreitung sozialistischer Bewegungen in Südeuropa gestoppt werden sollte.

Neben Galicien (wo allerdings auch viele Rechtsextreme gegen die Verfassung stimmten) war das Baskenland die einzige Region im Staat, in der die Verfassung beim Referendum

1978 keine Mehrheit erhielt. In der Autonomiegemeinschaft stimmten nur 30 Prozent der Wahlberechtigten für die Verfassung, in Navarra genau die Hälfte. Die tiefe Verankerung kritischer Überzeugungen in der Gesellschaft sollte sich auch bei der Abstimmung über die NATO-Zugehörigkeit 1986 wieder manifestieren, als nur das Baskenland (sowohl die Autonomiegemeinschaft als auch Navarra), Katalonien und die Kanarischen Inseln mit Nein stimmten. Nirgends war die Ablehnung so stark wie im Baskenland. In der Provinz Gipuzkoa, der Hochburg der Unabhängigkeitslinken, stimmten 70 Prozent der Bevölkerung gegen das Militärbündnis.

Die Wahrnehmung, durch die *Transición* erneut grundlegender demokratischer und sozialer Rechte beraubt worden zu sein, radikalisierte die baskische Linke. Schon vor Francos Tod hatte sich die ETA über die Frage gespalten, wie man auf eine politische Öffnung reagieren sollte. Während die etwas »marxistischer« argumentierende ETA político-militar weiter eine organische Verbindung von politischem und militärischem Kampf anstrebte, dabei aber den Parteistrukturen die Kontrolle überlassen wollte, vertrat die »militaristischere« ETA militar die Ansicht, dass die politische, gewerkschaftliche und kulturelle Arbeit vom bewaffneten Kampf getrennt werden müsse. Beiden Linien gemein war allerdings, dass man den bewaffneten Kampf ab 1977 zunächst verschärfte. Das hatte auch viel mit der konkreten Situation auf den Straßen zu tun, denn die staatliche Repression nahm nach Francos Tod keineswegs ab. Die französische Historikerin Sophie Baby[8] hat rekonstruiert, dass die Staatsmacht

8 Sophie Baby: El mito de la transición pacífica, Madrid 2018.

zwischen 1975 und 1982 etwa 200 Menschen tötete: Die Sicherheitsorgane schossen auf Demonstrant*innen, folterten Verhaftete zu Tode oder bauten rechtsextreme Todesschwadronen auf. Aus der Sicht der baskischen Linken, die der Repression der Guardia Civil sehr viel massiver ausgesetzt war als andere Teile der spanischen Gesellschaft, konnte von einem Rückgang der Staatsgewalt keine Rede sein.[9]

Dazu kam außerdem die Vorahnung der Unabhängigkeitsbewegung, das Selbstbestimmungsrecht, das in den Jahren der Diktatur von fast allen demokratischen Parteien (darunter auch von der PSOE) verteidigt worden war, könnte im Rahmen der Verhandlungen zwischen Madrid und der PNV über ein Autonomiestatut dauerhaft geopfert werden. Die ETA erhöhte den militärischen Druck, um diesen Kuhhandel zu verhindern, sorgte mit ihren Anschlägen aber gleichzeitig dafür, dass die PNV bei den Verhandlungen wichtige Zugeständnisse erreichte. Zur Wahrheit des baskischen Konflikts gehört, dass das baskische Autonomiestatut mit seinen weitreichenden Kompetenzen in der Fiskal-, Kultur-, Wirtschafts- und Sicherheitspolitik zwar von der PNV ausgehandelt, aber von der ETA erkämpft worden war. Die Reformen waren Zugeständnisse, die Madrid der gemäßigten PNV machte, um die revolutionäre Unabhängigkeitsbewegung zu stoppen.

Insofern greift der in Spanien bisweilen zu hörende Vorwurf, die ETA habe die demokratische Regierung härter bekämpft als die Diktatur, zu kurz. Es gab gute Gründe,

9 Vgl. auch Xavier Casals: La transición española. El voto ignorado de las armas, Barcelona 2016.

warum die Unabhängigkeitslinke die Demokratisierung ab 1976 für eine Farce hielt und den Druck zu erhöhen versuchte. Als unumstritten kann hingegen gelten, dass sich die ETA-Gewalt verschärfte. 1970 starb niemand bei ETA-Anschlägen, 1977 waren es zehn Personen, 1980 bereits um die neunzig.

MLNV: »baskische Befreiungsbewegung«

Noch bevor 1979 das Autonomiestatut verabschiedet, ein baskisches Schul- und Verwaltungswesen geschaffen und mit der Ertzaintza eine eigene Polizei aufgebaut wurde, formierte sich die baskische Linke neu. Auch wenn der bewaffnete Kampf immer blutiger ausgetragen wurde und sich ein regelrechter Kult um die Untergrundorganisation entwickelte, blieb die Gewalt für die ETA (anders als für die Roten Brigaden in Italien oder die RAF in Deutschland) immer sehr konkreten politischen Zielen untergeordnet: der Aufnahme von Verhandlungen mit Madrid.

Die Neuorganisierung der Unabhängigkeitslinken ab 1976 beruhte auf dieser Unterscheidung. Auf der einen Seite entstand ein dichtes Geflecht legaler sozialistischer, feministischer und ökologischer Organisationen und Bewegungen, die die Gesellschaft politisch transformieren wollten. Der bewaffnete Kampf der ETA hingegen verfolgte nur ein einziges Ziel: die Anerkennung des baskischen Selbstbestimmungsrechts.

Zusammengehalten wurde die Unabhängigkeitslinke durch die sogenannte *Koordinadora Abertzale Sozialista* (KAS), die »patriotisch-sozialistische Koordination«, die zunächst von ETA político-militar als Plattform gegründet worden war, um die verschiedenen sozialistischen Strömungen zusammenzuführen, dann aber zu einer Struktur ausschließlich jener Linken wurde, die ETA militar nahestanden. In der KAS, wie sie bis in die 1990er Jahre bestand, waren sechs Organisationen vertreten: die Nachbarschaftskomitees ASK, die Gewerkschaft LAB, die Frauenorganisation Egizan, die Jugendorganisation Jarrai, die am kubanischen Marxismus orientierte Linkspartei HASI und ETA militar. Um KAS herum entstand ein dichtes Geflecht von Organisationen und Projekten: die Ökologiebewegung Eguzki, die Internationalismuskomitees Askapena, das Netzwerk zur Unterstützung der politischen Gefangenen Gestoras pro Amnistía, die alternativen AEK-Sprachschulen, die Tageszeitung *Egin* sowie unzählige lokale Initiativen. Der politisch sichtbarste Teil dieser Bewegung war das 1977 ins Leben gerufene Wahlbündnis Herri Batasuna (HB), dessen spanischer Name Unidad Popular nicht zufällig an die chilenische Volksfront erinnerte. Gegründet wurde Herri Batasuna, die sich 2001 als eine französisch-spanische Partei mit dem Namen Batasuna neu formierte, von der bereits erwähnten Acción Nacionalista Vasca, der linkssozialdemokratischen ESB, der prokubanischen HASI (die auch Teil von KAS war und innerhalb des Wahlbündnisses eine politische Führungsrolle beanspruchte) und der Arbeiterpartei LAIA. Mit der Zeit lösten sich die Einzelparteien jedoch weitgehend auf, und HB wurde zur Wahlplattform der gesamten Unabhängigkeitslinken.

Das Ziel dieser politischen Strömung, die sich selbst auch als Movimiento de Liberación Nacional Vasco (MLNV; nationale Befreiungsbewegung des Baskenlands) bezeichnete, war die Durchsetzung der »Alternativa KAS«, jener sieben, auch von anderen Unabhängigkeitslinken geteilten Forderungen, die man als Bedingung für ein Ende des bewaffneten Kampfs betrachtete: 1) Herstellung der demokratischen Freiheiten, 2) politische Amnestie, 3) Maßnahmen zur Verbesserung der Lebensverhältnisse der Arbeiterklasse, 4) Auflösung und Abzug der Repressionsorgane, 5) Anerkennung des baskischen Selbstbestimmungsrechts (einschließlich eines Referendums über die Unabhängigkeit), 6) sofortige Einführung eines Autonomiestatuts für die vier südbaskischen Provinzen Araba, Gipuzkoa, Nafarroa und Bizkaia, 7) Gründung einer baskischen Autonomieregierung.

Mehrere dieser Forderungen wurden durch das Autonomiestatut von 1979 erfüllt, doch die drei zentralen Fragen blieben ungelöst: Erstens behielt die Guardia Civil, die im Baskenland wie eine Besatzungstruppe auftrat, auch nach der Gründung der *Ertzaintza*, der baskischen Polizei, eine führende Rolle in der Region. Zweitens ließ Madrid zwar über das Autonomiestatut abstimmen (beim Referendum im Oktober 1979 stimmte, bei einer allerdings recht niedrigen Wahlbeteiligung von 59 Prozent, eine klare Mehrheit von 90 Prozent für das Statut), aber verweigerte den Bask*innen das Selbstbestimmungsrecht, also die Möglichkeit, auch über die Option der Unabhängigkeit frei zu entscheiden. Und drittens schließlich stellte der Staat sicher, dass die baskische Sprachgemeinschaft gespalten und in zwei Autonomiegebiete aufgeteilt wurde (Euskadi und Navarra). Dass dies nicht zufällig geschah, lässt sich auch daran erkennen, dass mit der katalanischen Sprachgemeinschaft ebenso verfahren und die

Paisos Catalans in die drei Autonomiegemeinschaften Balearen, Katalonien und Valencia zerlegt wurden.

Für die Unabhängigkeitslinke stellte die Ablehnung der Forderungen auch deshalb einen Affront dar, weil diese am Ende der Franco-Diktatur von einer Mehrheit der demokratischen Parteien mitgetragen worden waren. Auch die sozialdemokratische PSOE, die sich ab 1982 als Regierungspartei sehr schnell die Staatsräson der Rechten zu eigen machte, hatte ursprünglich das Selbstbestimmungsrecht aller Nationen verteidigt. So hatte die PSOE bei ihrem Exilkongress im Oktober 1974 im französischen Suresnes unter anderem die »Auflösung aller Repressionsorgane« und »das Selbstbestimmungsrecht aller iberischen Nationalitäten« als »unverzichtbare Voraussetzungen für die Wiederherstellung der Demokratie« bezeichnet. Keine fünf Jahre später wollte die PSOE (aber auch die Kommunistische Partei) an solche Positionen nicht mehr erinnert werden. Dabei waren sich die Sozialist*innen sogar in der Navarra-Frage mit der ETA einig gewesen. Dass auch die PSOE die Provinz als Teil des Baskenlands betrachtete, drückte sich nicht zuletzt darin aus, dass die navarrische Parteisektion bis 1982 ganz offiziell Teil des Partido Socialista de Euskadi war. Erst der Verfassungspakt von 1978 und die Drohungen der Militärs veranlassten die PSOE, die Forderung der Demokratiebewegung aufzugeben und sich die Position der Rechten zu eigen zu machen. Der Izquierda Abertzale hingegen ging es mit ihrem Widerstand auch um die Verteidigung republikanischer Prinzipien, denn anders als PSOE und KP wollte sie weder die Einführung der Monarchie noch den Verbleib der franquistischen Täter im Justiz- und Polizeiapparat hinnehmen.

Die Eskalation der politischen Gewalt ab 1977 stellte für die ETA in diesem Sinne ein legitimes Mittel dar, um den Druck auf Staat und Gesellschaft zu erhöhen. Dies muss auch vor dem Hintergrund gesehen werden, dass die franquistische Rechte – deren Macht in Armee, Polizei, Justiz, Medienkonzernen und Großkonzernen unangetastet blieben – nichts anderes tat. Mit Putschdrohungen und Deklarationen machten die alten Generäle immer wieder deutlich, dass sie weiterreichende Reformen mit Waffengewalt unterbinden würden. Nichts anderes besagt im Übrigen auch der achte Verfassungsartikel, der die Militärs bis heute dazu verpflichtet, die »territoriale Integrität Spaniens zu verteidigen«. Der Putschversuch im Februar 1981 zeigte, dass die militärische Beendigung des Reformprozesses eine durchaus realistische Option war. (Wie man heute weiß, hatte König Juan Carlos die Verschwörung in den Reihen der Armee mit initiiert, um den unliebsam gewordenen Ministerpräsidenten Adolfo Suárez loszuwerden, der in Anbetracht von Massendemonstrationen, Streiks und Anschlägen zu größeren Zugeständnissen bereit zu sein schien.)

Die Rechte in den Polizei- und Geheimdienstapparaten drohte jedoch nicht nur mit einem neuerlichen Staatsstreich, sondern setzte auch selbst auf terroristische Methoden. Der erste Autobombenanschlag im Baskenland ging auf das Konto einer rechten Todesschwadron, die der spanische Geheimdienst mit Unterstützung italienischer und französischer Faschisten aufgebaut hatte. Das Attentat richtete sich gegen einen jungen Mann, der 45 Jahre seines Lebens praktisch ununterbrochen im Gefängnis oder in der Illegalität verbringen sollte und erst 2019 in den französischen Alpen verhaftet wurde: Josu Urrutikoetxea. Der spanische Geheimdienst SECED versuchte 1975 das ETA-Mitglied mit einer Autobombe aus dem Weg zu räumen. Urrutikoetxea sollte danach zu einer führenden Figur der Untergrundorganisation aufsteigen und spielte ab 1998 eine Schlüsselrolle bei den Bemühungen, den bewaffneten Kampf der ETA zu beenden. Auch die Ermordung des ETA-Führers Argala (José Miguel Beñarán) im Jahr 1978, der am Attentat auf den designierten Nachfolger Francos, Luis Carrero Blanco, beteiligt gewesen war, ging auf das Konto des Geheimdienstes. Gemeinsam mit einem neofaschistischen Kommando, das zum Gladio-Netzwerk gehörte und deren Mitglieder aus Frankreich, Italien und Argentinien stammten, töteten die Sicherheitsapparate den damals 29-jährigen Argala im französischen Baskenland.[10] Wie gering die Legitimation des spanischen Staates Ende 1978 war, lässt sich übrigens auch daran ersehen, dass bei dem wenige Tage später stattfindenden Fußballspiel zwischen Athletic Bilbao und Atlético Madrid praktisch das gesamte Stadion und ein Teil der Spieler zu Ehren Argalas den *Eusko Gudariak* sangen, das Lied der baskischen Kämpfer im Bürgerkrieg, das auch als ETA-Hymne galt.

Unter der PSOE-Regierung

Bemerkenswerterweise änderte sich an dieser Politik des spanischen Staates auch unter den sozialdemokratischen Regierungen von Felipe González 1982 bis 1996 wenig. Im Gegenteil: Die PSOE konnte, da niemand ihren demokra-

10 Vgl. El Mundo 21.12.2003, »Yo maté al asesino de Carrero Blanco«, https://www.elmundo.es/cronica/2003/427/1072098707.html.

tischen Charakter infrage stellte, sogar besonders hart gegen die soziale und politische Opposition vorgehen. Mit ihrer Deindustrialisierungspolitik, der sogenannten *Reconversión*, ließ sie Mitte der 1980er Jahre nicht nur die in Europa konkurrenzunfähigen Stahl- und Werftindustrien sterben, sondern zerschlug ganz nebenbei auch noch den kämpferischsten Teil der Arbeiterbewegung in Asturien, Galicien und dem Baskenland. Wie weit die regierende Sozialdemokratie zu gehen bereit war, zeigte die Schließung der Euskalduna-Werft im November 1984 in Bilbao. Bei der Stürmung der Werft feuerte die Guardia Civil Schüsse und Maschinenpistolensalven ab und zerstörte Gewerkschaftsbüros, Kantine und Bibliothek. Bemerkenswerterweise blieb das Büro der sozialdemokratischen Gewerkschaft UGT dabei verschont, und der PSOE-Innenminister José Barrionuevo leugnete in der Folge jede Polizeigewalt.

Auch in anderer Hinsicht ergriff die PSOE Maßnahmen, an denen sich die politische Rechte die Zähne ausgebissen hätte. 1986 paukten die Sozialist*innen entgegen ihren Wahlversprechen den vollen NATO-Beitritt durch. Gleichzeitig entwickelten sie für das Baskenland eine Strategie, die alle Prinzipien klassischer Aufstandsbekämpfung aufwies. Der sogenannte Plan ZEN (Zona Especial Norte) sah nicht nur die Professionalisierung der Geheimdienstarbeit vor, sondern beschäftigte sich zudem mit der Frage, wie die ETA, die von vielen weiterhin als antifranquistische Widerstandsorganisation wahrgenommen wurde, politisch isoliert werden könnte. Auf dieser Grundlage organisierte die Staatsmacht eine Art *Cordon sanitaire* um die baskische Linke. Ein 1987 in Madrid unterzeichnetes Antiterrorismus-

Abkommen und der kurze Zeit später verabschiedete »Pakt von Ajuria Enea« legten fest, dass »die demokratischen Parteien« sich überall im Land gegen Herri Batasuna verbünden sollten. Auf diese Weise vertrieb man die Linke, die in vielen kleineren Ortschaften mit relativen Mehrheiten Bürgermeister*innen stellte, aus den Rathäusern. Auch die Medien waren Teil dieser Strategie. Politiker*innen der Unabhängigkeitslinken wurden – ähnlich wie es in Großbritannien mit Sinn Féin praktiziert wurde – nicht mehr interviewt, über ihre Parlamentsreden nicht berichtet. Die ETA durfte nicht mehr als »bewaffnete Organisation« bezeichnet, sondern musste als »terroristische« oder »kriminelle Bande« tituliert werden – ein klassisches Mittel des Framings.

Große Anstrengungen unternahm die Regierung auch, um die baskische Linke zu spalten. Es gab Ausstiegsangebote an mögliche Dissident*innen, vor allem aber bemühte man sich, die Gefangenen gegeneinander auszuspielen. Die Frage der politischen Gefangenen war in der Unabhängigkeitslinken immer zentral: Über Jahrzehnte hinweg waren auf jedem Dorffest und selbst bei Fußballspielen Parolen zur Freilassung der politischen Gefangenen zu hören. In diesem Zusammenhang muss man sich vergegenwärtigen, wie verbreitet Repressionserfahrungen im Baskenland sind. Ein Prozent der Bevölkerung, nämlich 30.000 Personen, sind in den vergangenen Jahrzehnten mindestens einmal verhaftet worden; mehr als 8.000 Menschen saßen als mutmaßliche ETA-Mitglieder im Gefängnis. Das unterscheidet das Baskenland massiv vom Rest Spaniens, denn seit den 1960er Jahren stammte ein Großteil der politischen Gefangenen aus dem

Baskenland. Mit der Amnestie von 1977, die allerdings auch den franquistischen Tätern bis heute Straffreiheit garantiert, kamen diese Inhaftierten frei. Doch bereits 1978 saßen schon wieder 100, 1981 mehr als 400 Bask*innen im Gefängnis. Die Höchstzahl wurde in den Jahren 2004 bis 2011 mit mehr als 700 Gefangenen erreicht – dabei wurden die Haftstrafen immer länger, und immer häufiger standen Verurteilungen nicht im Zusammenhang mit Attentaten, sondern mit politischen Vergehen. Die Strategie der PSOE bestand nun darin, die baskischen Gefangenen über das ganze Land zu verteilen, um sie ähnlich wie zur gleichen Zeit in Italien in verfeindete Fraktionen (»Hardliner«, »Reumütige«, »Verräter«) zu spalten. Zu diesem Zweck errichtete die PSOE-Regierung, auch mit technischer Unterstützung aus Deutschland, zahlreiche moderne Hochsicherheitsgefängnisse. Die *Dispersión*, die »Zerstreuung« auf schließlich 35 Haftanstalten, sollte eine Entwicklung vermeiden, wie es sie in Nordirland im Maze Prison gegeben hatte, das sich aufgrund der großen Zahl republikanischer Häftlinge in einen Brennpunkt des irisch-britischen Konflikts verwandelt hatte. Vor allem aber stellte die *Dispersión* eine zusätzliche Strafe für die Angehörigen dar, da die neuen Gefängnisse fast alle 600 bis 1.000 Kilometer vom Baskenland entfernt errichtet worden waren. Seitdem müssen Tausende von Bask*innen für einen vierzigminütigen Haftbesuch regelmäßig ein ganzes Wochenende auf der Autobahn verbringen.

Das Erstaunlichste daran ist jedoch, dass die PSOE bei der ETA-Bekämpfung auch offen terroristische Mittel einsetzte. 2017 veröffentlichte eine von der Autonomieregierung beauftragte Forensikerkommission der Universität des

Baskenlandes einen 400-seitigen Bericht über Folter und Misshandlungen seit dem Jahr 1960.[11] Die Untersuchung kommt zu dem Ergebnis, dass die Zahl der Folterungen auf Polizeiwachen unter der PSOE-Regierung ab 1982 zunahm. Von den mehr als 4.000 Folterfällen, die die Kommission registrierte, ereignete sich mehr als die Hälfte *nach* der Einführung der Demokratie 1977. Die meisten Folterungen wurden 1975 verübt, im Todesjahr Francos, die wenigsten 1977. Nach der Rückkehr zur Demokratie stieg die Zahl der Menschenrechtsverbrechen wieder rasant an. So gab es in den 1980er und 1990er Jahren mehr als 100 Folterfälle jährlich, die aber deshalb so gut wie nie zu Prozessen führten, weil die Justiz in die Strategie »robuster« Verhöre eingebunden war und die Untersuchungsgefangenen in der ersten Woche ihrer Haft in Kontaktsperre gehalten wurden. Ein Gesetz ermöglichte es, Verhaftete in diesen Tagen zu verhören, ohne dass die Beschuldigten Vertrauenspersonen hätten sprechen können. Es gibt unzählige Berichte von Betroffenen, die schildern, wie sie in diesen Tagen von der Guardia Civil misshandelt wurden: Schlafentzug, die sogenannte *Bolsa* (das Auslösen von Erstickungsanfällen durch das Überziehen von Plastiktüten über den Kopf der Gefangenen), angedrohte, aber auch realisierte Vergewaltigungen mit Gegenständen, stumpfe Schläge (beispielsweise mit Telefonbüchern) oder körperliche Übungen bis zur absoluten Erschöpfung. Der Journalist Martxelo Otamendi, der als Chef-

11 Francisco Etxeberria et al.: Proyecto de Investigación de la tortura y malos tratos en el País Vasco entre 1960 y 2014, Instituto de Criminología, Universidad del País Vasco 2017.

redakteur der Tageszeitung *Egunkaria* 2003 selbst in den Polizeikellern landete, bezeichnete die Guardia-Civil-Kaserne von Intxaurrondo (in der Nähe San Sebastiáns) vor diesem Hintergrund als »größtes Folterzentrum Westeuropas«. Später wurden die baskischen Untersuchungsgefangenen sofort nach der Verhaftung nach Madrid verlegt, wo die Verhöre noch ungestörter verliefen.

Die Misshandlungen während der Verhöre waren nicht nur systematisch, sondern wurden offenbar auch medizinisch überwacht, denn sie wurden abgebrochen, bevor die Situation für die Gefolterten lebensgefährlich werden konnte. Es scheint zudem, dass die Folterpraxis der Guardia Civil politisch angeordnet wurde, denn es gab Jahre, für die der Bericht kaum Fälle registrierte: 1989/90, 1998/99 und 2006. Das waren just die Zeitabschnitte, als die ETA mit der spanischen Regierung in Algerien beziehungsweise der Schweiz über ein Ende des bewaffneten Kampfs verhandelte.

Dass die PSOE-Regierung nicht minder terroristische Mittel einsetzte als die ETA, zeigt auch der Fall der Grupos Antiterroristas de Liberación. Bei der Gruppe handelte es sich um Todesschwadronen, die im Auftrag des Innenministers José Barrionuevo zwischen 1983 und 1987 etwa 30 Personen im französischen Baskenland ermordeten, darunter auch Journalisten und einfache Kneipenbesucher. Die Attentate wurden von Auftragskillern aus dem kriminellen Milieu in Frankreich und Portugal durchgeführt und sollten die französische Politik zu einer härteren Bekämpfung der ETA bewegen. Noch bis Mitte der 1980er Jahre wurde die baskische Untergrundorganisation in Frankreich nämlich als politische Organisation betrachtet. Der Terror der GAL sollte dafür sorgen, dass die Stimmung in Frankreich kippte, und tatsächlich unterzeichnete der französische Innenminister Pasqua 1987 nach einer Kette antibaskischer Bombenanschläge einen Vertrag zur sofortigen Auslieferung flüchtiger Bask*innen an Spanien. Die Anschläge der GAL hörten daraufhin schlagartig auf.[12] Einige Mitglieder der PSOE-Regierung wurden Mitte der 1990er Jahre wegen dieser Attentate verurteilt, doch jener »Mister X«, der im Prozess als Auftraggeber der GAL genannt wurde und noch über Innenminister José Barrionuevo stand, wurde nie angeklagt. Es kann sich nur um den sozialdemokratischen Regierungschef Felipe González gehandelt haben.

Dass diese Menschenrechtsverletzungen in Europa kaum zur Kenntnis genommen wurden, war das eigentliche Verdienst der PSOE. Als Partei der Linken besaß sie die notwendige Legitimation, um rechte Politik ohne größere Widerstände durchzusetzen. Gleichzeitig organisierte sie mit den alten franquistischen Eliten in Justiz, Polizei und Medien einen Anti-Terror-Pakt, der jede kritische Berichterstattung in der baskischen Frage unterband. Der GAL-Skandal wurde zwar aufgerollt, nachdem Offiziere der Guardia Civil Gelder des Innenministeriums veruntreut hatten, aber über die Zusammenhänge des rechten Terrors und die systematische Anwendung der Folter kann in spanischen Me-

12 Sehenswert zum Thema ist der Dokumentarfilm *GAL – les tueurs de l'état* von Bruno Fai und Xavier Muntz. Eine gute Zusammenfassung bietet das Interview mit Bruno Fai im *Journal du Pays Basque* vom 16.3.2012, »Dès l'été 1984 Paris comprend que Madrid est derrière le GAL«.

dien bis heute nicht berichtet werden. Die unzähligen Opferberichte werden mit der Erklärung abgetan, dass die ETA ihre Mitglieder angewiesen habe, Foltervorwürfe zu erfinden. Zudem hat die spanische Justiz gegen zahlreiche Folteropfer, die ihre Fälle öffentlich machten, Verfahren wegen der Verleumdung der staatlichen Organe eröffnet. Der Umgang mit der Folter zeigt, wie schnell die Menschenrechtsprinzipien in der EU erodieren, wenn Fragen der Staatsräson betroffen sind.

Geschwächt wurde die baskische Linke in dieser Phase aber auch durch eine Spaltung: Die Revolutionär-Sozialistische Volkspartei (HASI) ging Ende der 1980er auf Distanz zur ETA und wurde schließlich 1992 aufgelöst. Ursache des Konflikts war zum einen die Kritik der HASI an konkreten Anschlägen der ETA und zum anderen der Kampf zwischen den beiden Organisationen um die Führung innerhalb der Linken. HASI beanspruchte als klassisch-leninistische Partei die Kontrolle über die Bewegungen, die ETA sah sich als politisch-militärische Avantgarde. Die Auflösung von HASI schwächte die baskische Linke vor allem in der Provinz Vizcaya dauerhaft. In keiner anderen der vier südbaskischen Provinzen ist die Linke heute so schwach wie in der ehemaligen Arbeiterbastion Bilbao.

Der lange Abschied vom Avantgardekonzept

Das Vorgehen der PSOE-Regierung war natürlich auch eine Reaktion auf die ETA-Gewalt, die in den 1980er und 1990er Jahren immer willkürlicher wurde. Während die ETA zunächst vor allem Industrielle entführt hatte, um »Revolutionssteuern« zu erpressen, und Anschläge auf die im Baskenland verhasste Guardia Civil verübte, weitete sie die Anschlagsziele zusehends aus. Ab den 1980er Jahren griff sie die Wohnkasernen der Guardia Civil an, in denen auch die Familien der Polizisten untergebracht waren, und nahm dabei den Tod von Kindern ausdrücklich in Kauf. Zudem setzte sie immer häufiger Autobomben ein, die völlig Unbeteiligten das Leben kosteten. 1986 wurde die ehemalige, nach Spanien zurückgekehrte ETA-Militante Yoyes vor den Augen ihres dreijährigen Sohnes erschossen, weil die Organisation fürchtete, die Wiedereingliederung der reumütigen Illegalen (die in Italien als »pentiti« bezeichnet wurden) könnte zu Verrat und Spaltung führen. Nur ein Jahr später verübte die ETA im Rahmen einer Kampagne gegen französische Unternehmen einen Anschlag auf das Hipercor-Kaufhaus in Barcelona, bei dem 21 Personen getötet wurden, und am Ende dieser Entwicklung mussten in den 1990er Jahren schließlich auch Politiker*innen und Gemeinderäte von PP, PSOE und der navarrischen Rechtspartei UPN jederzeit mit Attentaten rechnen.

Trotz des Terrors, des Repressionsdrucks und der Maßnahmen zur Isolation der Unabhängigkeitslinken blieb die Izquierda Abertzale jedoch ein wichtiger politischer Faktor. Auch wenn die ETA-Attentate in Spanien und Europa nur noch Empörung erzeugten, genoss die Organisation in der baskischen Bevölkerung weiterhin beträchtliche Unterstützung. Nachdem sich ETA político-militar 1982 aufgelöst hatte, verschwand die ihr nahestehende Wahlplattform Euskadiko Ezkerra (Baskische Linke) und löste sich am Ende in der PSOE auf. Herri Batasuna hingegen hielt sich mit einem klassenkämpferischen Diskurs und einem starken Bezug auf internationale revolutionäre Bewegungen (die Solidarität galt unter anderem den mexikanischen Zapatistas, der kurdischen PKK, den kolumbianischen Guerillas, den Mapuche-Indígenas in Chile und der sahraouischen Polisario) recht konstant bei 15 Prozent. Dieser Wähleranteil, der in den kleineren und mittleren Gemeinden deutlich höher lag, implizierte ein offenes Misstrauensvotum gegen das politische System Spaniens und das staatliche Gewaltmonopol.

Dass die Unterstützung der Bevölkerung für die Unabhängigkeitslinke und für die ETA relativ stabil war, er-

klärt sich aus drei Motiven: Erstens wurden die unerfüllten Forderungen der »Alternativa KAS« (Anerkennung des Selbstbestimmungsrechts, Abzug der spanischen Polizei und Zusammenschluss von Navarra und Euskadi) von einem sehr viel größeren Teil der Bevölkerung, nämlich auch den meisten PNV-Wähler*innen, mitgetragen. Zweitens unterminierten die Repressionserfahrungen, die Zehntausende am eigenen Leib gemacht hatten, jeden Glauben an die spanische Demokratie. Und drittens schließlich war die baskische Linke der treibende Motor in sozialen Bewegungen und verstand es, unterschiedliche Formen des Kampfs miteinander zu verschränken. Emblematisch dafür steht die Auseinandersetzung um das Atomkraftwerk von Lemoiz, unweit von Bilbao, das zwar fertig gebaut, aber nie in Betrieb genommen wurde, nachdem zwischen 1976 und 1981 Hunderttausende gegen die Anlage demonstriert und die ETA eine Serie von Anschlägen verübt hatte. Mehr als zehn Menschen starben im Kampf um das AKW – darunter eine Demonstrantin, mehrere ETA-Mitglieder, Arbeiter und zwei Chefingenieure. In den Augen vieler Bask*innen bewies die Verhinderung von Lemoiz, dass der bewaffnete Kampf ein unverzichtbares Mittel zur Durchsetzung politischer Ziele ist.

Es war längst nicht der einzige gesellschaftliche Konflikt, in dem die Unabhängigkeitslinke eine treibende Rolle spielte und sich als wichtige Gegenkraft gegen Regierung und Unternehmerverbände positionierte. 1984 war die Unabhängigkeitslinke neben der linkskommunistischen EMK federführend an den Kämpfen gegen die Schließung der Euskalduna-Werft in Bilbao beteiligt, 1986 war sie der Motor der baskischen Kampagne gegen den NATO-Beitritt.
Ende der 1980er Jahre verhinderten Umweltproteste und Sabotageaktionen der ETA den Bau einer Autobahn durch den Leitzaran, einen der letzten großen baskischen Mischwälder. Und als 1990 in Spanien eine Bewegung von Totalverweigerer*innen entstand, die sich dem Armeedienst widersetzte und dafür auch Haftstrafen in Kauf nahm, stammte fast die Hälfte der inhaftierten *Insumisos* aus dem Baskenland. Viele von ihnen waren Anhänger der Izquierda Abertzale.

Die Beziehungen zwischen sozialen Bewegungen, Arbeitskämpfen und Unabhängigkeitslinken waren dabei alles andere als konfliktfrei. ETA begriff sich ganz klassisch als »revolutionäre Avantgarde«, und dementsprechend kritisierten Bewegungen immer wieder, sie fühlten sich von Herri Batasuna instrumentalisiert. Doch obwohl behauptet wurde, die Existenz der ETA schwäche die sozialen Bewegungen, hat sich im Rückblick eindeutig das Gegenteil als richtig erwiesen. Die Radikalität der ETA, die große Zahl von Gefangenen und die Erfahrungen mit der staatlichen Repression politisierten die baskische Gesellschaft und motivierten viele Menschen, sich auf die eine oder andere Weise politisch zu engagieren. Anders als im Rest des spanischen Staats hielten sich die sozialen Bewegungen und kämpferischen Gewerkschaften im Baskenland auch 25 Jahre nach der *Transición* auf hohem Niveau.

Obwohl die gesellschaftliche Verankerung und die sozialen Kämpfe das wichtigste Merkmal der Unabhängigkeitslinken waren, standen die Verhandlungsbemühungen der ETA bis in die 2000er Jahre im Zentrum der politischen Strategie. Das Konzept, wie verhandelt werden sollte, veränderte sich jedoch mit der Zeit stark. Noch 1989 hatte es rein bilaterale Friedensgespräche zwischen der ETA und der spanischen Regierung in Algerien gegeben, bei der die baskischen Parteien nur als Beobachter anwesend waren. Diese Verhandlungen wurden von der ETA jedoch abgebrochen, als die PSOE-Regierung eine modifizierte Fassung des vereinbarten Dokuments veröffentlichte. Nach der Ausweisung der ETA aus Algerien versuchte die Untergrundorganisation den militärischen Druck zu erhöhen und verübte im Vorfeld der Olympischen Spiele von Barcelona und der Expo in Sevilla (die beide 1992 stattfanden) eine neue Anschlagsserie. Die spanische Regierung, die durch den EU-Beitritt an Legitimation und ermittlungstechnischem Knowhow gewonnen hatte, antwortete mit zwei großen Polizeioperationen, die zur Verhaftung der ETA-Führung im französisch-baskischen Bidart führten und die Organisation unmittelbar vor den beiden Großereignissen fast vollständig zerschlugen.

Vor diesem Hintergrund modifizierte die Unabhängigkeitslinke ihre politische Strategie. In Anbetracht der Tatsache, dass der spanische Staat offenbar keine Notwendigkeit für Verhandlungen sah und nur über die Auflösung der ETA, nicht aber über die politischen Ursachen des Konflikts sprechen wollte, nahm die Izquierda Abertzale die baskische Gesellschaft stärker in den Blick. Damit wurde ein Prozess eingeleitet, der erst 2018 mit der Auflösung der ETA kulminieren sollte: Das Avantgardekonzept, das die baskische Linke von den leninistischen Parteien und bewaffneten Befreiungsbewegungen des globalen Südens übernommen hatte und das der bewaffneten Organisation die zentrale Rolle zuteilte, wurde nach und nach aufgegeben.

Der erste Schritt in diese Richtung war eine neue Verhandlungsinitiative, bei der nicht mehr die bilateralen Gespräche zwischen Staat und ETA, sondern die Entwicklung eines von der baskischen Gesellschaft getragenen Projekts im Mittelpunkt stand. In diesem Sinne legte die ETA 1995 die sogenannte »Alternatiba Demokratikoa« vor, eine Weiterentwicklung der »Alternativa KAS«. Die Organisation bot an, den bewaffneten Kampf unverzüglich einzustellen, wenn Spanien im Gegenzug die Durchführung eines Referendums über den Status des Baskenlands akzeptierte. Die Fragestellung des Referendums sollte von den politischen Parteien des Baskenlands ausgehandelt werden, die Gespräche der ETA mit Madrid sich auf jene Aspekte beschränken, die mit dem bewaffneten Konflikt zu tun hatten (Niederlegung der Waffen, Gefangene und Exilierte, Wahrheits- und Versöhnungskommission). Als Herri Batasuna ihre Sendezeit im Wahlkampf 1996 nutzte, um ein Video der ETA auszustrahlen, in dem das Verhandlungsangebot unterbreitet wurde, wurde die Führung der Linkspartei verhaftet und angeklagt.

Auch wenn die politischen Ziele der Unabhängigkeitsbewegung pragmatischer wurden, machte die ETA einen neuen Eskalationsschritt. Sie war zu der Ansicht gelangt, dass ihre Anschläge auf Polizei und Armee keinen Druck mehr aufbauten. Anders als während und unmittelbar nach der Diktatur, als die Angriffe auf Offiziere und Guardias Civiles die Verwundbarkeit des Franquismus aufzeigten, bestärkten die Attentate die spanische Gesellschaft mittlerweile nur noch in ihrem Hass auf die Unabhängigkeitsbewegung. Die Terrorbekämpfung wurde für die politische Klasse zu einem hilfreichen Instrument, um soziale Widersprüche unsichtbar zu machen. Die ETA zog daraus den zynischen Schluss, »das Leiden vergesellschaften zu müssen«. Wenn die Angehörigen der staatstragenden Parteien um ihr Leben fürchten müssten, würde damit, so das Kalkül, auch die politische Gesprächsbereitschaft wachsen. In diesem Sinne versuchte die ETA 1995, den Vorsitzenden der rechtskonservativen PP und späteren Regierungschef Juan Manuel Aznar mit einer Autobombe zu töten, und entführte 1997 den PP-Gemeinderat Miguel Angel Blanco, um die Verlegung der baskischen Gefangenen in Haftanstalten in der Nähe ihrer Herkunftsorte zu erzwingen. Nachdem die Regierung dies ablehnte, erschoss die ETA den jungen Politiker, was in ganz Spanien Millionen Menschen zu Protesten gegen die ETA auf die Straße trieb.

Diese neue Linie verbaute der ETA jede Chance, ihre politischen Anliegen außerhalb des Baskenlandes verständlich zu machen. Die Unabhängigkeitslinke präsentierte sich mit den Anschlägen auf Gemeinderäte als Feindin der Demokratie. Allerdings lässt sich nicht leugnen, dass die Strategie zunächst durchaus Erfolg hatte, denn der Rechtsschwenk der spanischen Mehrheitsgesellschaft und die wachsenden antibaskischen Ressentiments erhöhten den Druck auf die PNV, sich für eine politische Lösung einzusetzen. Das wurde auch dadurch begünstigt, dass sich mit Juan Jose Ibarretxe in der PNV ein Politiker durchgesetzt hatte, der das baskische Selbstbestimmungsrecht offensiv verteidigte.

In dieser Situation überlagerten sich zwei völlig entgegengesetzte Entwicklungen. Auf der einen Seite leitete die spanische Justiz unter Federführung des Ermittlungsrichters Baltasar Garzón die Illegalisierung der baskischen Linken, ihrer Medien und Organisationen ein. Garzón, der bis heute international hohes Ansehen genießt, weil er 1998 unter anderem den chilenischen Ex-Diktator Augusto Pinochet vor Gericht zu stellen versuchte, entwickelte eine Doktrin, die im Baskenland den Namen »Alles ist ETA« trug. 1997 ließ Garzón die 23-köpfige Herri-Batasuna-Führung wegen der Verbreitung des erwähnten ETA-Videos im Wahlkampf ein Jahr zuvor verhaften, schloss wenige Monate später die linke Tageszeitung *Egin* und das dazugehörige Radio (was vom Obersten Gerichtshof Spaniens im Nachhinein als illegal bezeichnet wurde) und leitete Verbotsverfahren gegen fast alle politischen Organisationen der Unabhängigkeitslinken ein. Illegalisiert wurden neben anderen die Jugendorganisationen Jarrai und Segi, die Solidaritätsgruppen Gestoras pro Amnistia und Askatasuna, die Linkspartei Herri Batasuna (die seit 2001 auch in Frankreich existierte und nur noch Batasuna hieß) sowie Hunderte lokaler Wahllisten. Vor allem das Parteienverbot gegen Batasuna etablierte so etwas wie einen nichtdeklarierten Ausnahmezustand.

Der Friedensprozess von Lizarra-Garazi 1998/1999

Bevor in Madrid die bizarre Allianz zwischen der PP-Regierung und dem »progressiven« Richter Baltasar Garzón die Illegalisierung der baskischen Linken durchsetzen konnte, kam es jedoch zu einem neuerlichen Friedensprozess. Es gelang der Izquierda Abertzale, einen Pakt mit mehr als fünfzig Parteien, Gewerkschaften und Organisationen zu unterzeichnen, der den Aufbau souveräner baskischer Strukturen vorsah. Das Abkommen, das in allen drei Verwaltungseinheiten – also in der baskischen Autonomiegemeinschaft,

in Navarra und im französischen Baskenland – Unterstützer*innen fand, nahm sich den irischen Friedensprozess zum Vorbild und sollte dem bewaffneten Kampf der ETA ein Ende setzen. Unterzeichnet wurden die Dokumente im navarrischen Lizarra (Estella) sowie im französischen Garazi (Saint-Jean-Pied-de-Port), womit auf die territoriale Dimension des baskischen Konflikts verwiesen wurde.

Im Zentrum der Vereinbarung stand die Idee, dass das baskische Selbstbestimmungsrecht nicht länger nur gegenüber Madrid eingefordert, sondern selbständig materialisiert werden sollte. Besondere Bedeutung kam dabei der Einrichtung einer Versammlung zu, die man als grenzüberschreitende demokratische Institution begriff. Die sogenannte *Udalbiltza* (Gemeindeversammlung) setzte sich aus Delegierten von Kommunen aller sieben baskischen Provinzen zusammen. Da die Gemeinden sich auch zur Zahlung von Beiträgen verpflichteten, verfügte *Udalbiltza* sogar über einen kleinen Etat, um Strukturpolitik zu machen und so in den ökonomisch schwächeren Gegenden des französischen

Baskenlands und Südnavarras für den Aufbau baskischer Institutionen zu werben.

Udalbiltza war ein »munizipalistisches« Projekt, ähnlich wie es später von der kurdischen Bewegung entwickelt wurde: Im Mittelpunkt sollte die lokale, also nicht über nationalstaatliche Instanzen vermittelte, Ausübung der Demokratie stehen. Anstelle eines neuen baskischen Staats propagierte man so etwas wie einen »Rat der baskischen Kommunen«, durch den die Frage der Selbstbestimmung mit radikaldemokratischen Elementen verknüpft werden sollte. Dass die kurdische Bewegung in Nordsyrien 15 Jahre später auf ein ähnliches Modell setzen sollte, war nicht nur der Tatsache geschuldet, dass man mit vergleichbaren Problemen – nämlich mächtigen Nationalstaaten, einer plurinationalen Zusammensetzung der Gesellschaft und der Existenz einer grenzüberschreitenden Nation – konfrontiert war. Es gab durchaus auch Beziehungen zwischen der baskischen und der kurdischen Linken und einen gewissen Austausch über politische Strategien.

Das Doppelabkommen von Lizarra-Garazi, das mit einem unbegrenzten Waffenstillstand der ETA gekoppelt war, wurde zumindest in der Autonomiegemeinschaft Euskadi von einer klaren politischen Mehrheit unterstützt. Die unterzeichnenden Parteien PNV, Batasuna, Eusko Alkartasuna (eine sozialdemokratische Abspaltung der PNV) sowie die spanisch-föderalistische Izquierda Unida hatten bei den letzten Autonomiewahlen 65 Prozent der Stimmen auf sich vereinigt. Noch wichtiger jedoch war die gesellschaftliche Unterstützung: Neben ELA, LAB und einer Reihe weiterer

Gewerkschaften zählten der Bauernverband EHNE und Dutzende von gesellschaftlichen Verbänden zu den Unterstützer*innen.

Nach der Unterzeichnung im September 1998 sah es für einige Monate tatsächlich so aus, als wäre der Kampf der ETA endgültig beendet. Sogar die rechtskonservative PP-Regierung in Madrid sah sich genötigt, Verhandlungen mit der ETA in der Schweiz aufzunehmen, und ergriff Schritte, um baskische Gefangene in Haftanstalten in der Nähe des Baskenlandes zu verlegen. Dass die postfranquistische PP regierte, erwies sich bei diesen Kontakten zunächst sogar als Vorteil, da die mehrheitlich rechten Verbände der Terrorismusopfer (»Asociación de Víctimas del Terrorismo«) ihr keinen Verrat vorwarfen und der Friedensprozess daher besser abgesichert war als während der Verhandlungen 2006 unter der Regierung des Sozialdemokraten Zapatero. Auch parteipolitisch löste die Friedensperspektive eine Verschiebung aus, was allerdings bald zum Problem werden sollte. Bei den Autonomiewahlen im Oktober 1998 legte die Unabhängigkeitslinke, die mit der Koalition Euskal Herritarrok (Baskische Bürger) angetreten war, spürbar zu und tolerierte in der Folge die Autonomieregierung von Ministerpräsident Juan José Ibarretxe, der dadurch unter Druck der Rechten in seiner eigenen Partei und in Europa geriet. 2000 wurde die PNV auf Drängen der PP aus der christdemokratischen Internationalen ausgeschlossen, obwohl die PNV 1961 Gründungsmitglied der Christian Democrat International gewesen war – die historischen Führer der PP hatten damals noch der Franco-Diktatur als Kader gedient.

Bereits im Frühjahr 1999 verdüsterten sich die Perspektiven für den Friedensprozess. Der Druck Madrids auf die Unabhängigkeitsbewegung nahm zu, ein ETA-Mitglied wurde ermordet und mit entfernten Backenzähnen aufgefunden.[13]

Letztlich Auslöser für die Rückkehr der ETA zur Gewalt war jedoch die Haltung der verbündeten baskischen Parteien – der PNV und der sozialdemokratischen EA –, denen die Untergrundorganisation vorwarf, das Lizarra-Garazi-Abkommen nicht ernsthaft umgesetzt und zu wenig zum Aufbau des Gemeindeparlaments *Udalbiltza* beigetragen zu haben. Obwohl viele Linke diese Anschuldigungen teilten, kam der Abbruch des Friedensprozesses für die baskische Gesellschaft völlig unerwartet und wurde von vielen als Beweis gesehen, dass die ETA nur rhetorisch auf ihre Avantgarderolle verzichtet hatte. Zwar sah das Verhandlungsmodell vor,

13 Zuvor hatte der Mann berichtet, er sei entführt und unter Drogen gesetzt worden; möglicherweise habe man ihm einen Ortungs-Chip unter den Backenzähnen implantiert. Aktionen, die in der Bevölkerung Unsicherheit verbreiteten und vermutlich auf das Konto der Geheimdienste gingen, gab es in diesem Zeitraum immer wieder. 2001 explodierte beispielsweise eine an einem Spielzeug befestigte Bombe in San Sebastián, tötete eine ältere Frau und verletzte zwei kleine Kinder. Die Hintergründe des Anschlags wurden nie geklärt. Auch die lateinamerikanische Praxis des »Verschwindenlassens« kam im Baskenland zur Anwendung. Der letzte Fall ereignete sich 2009, als das ETA-Mitglied Jon Antza in Frankreich spurlos verschwand und erst ein Jahr später tot wieder auftauchte.

die Gesellschaft zur zentralen Protagonistin zu machen, doch in der Praxis hatte die ETA erneut beansprucht, über die politische Entwicklung entscheiden zu können.

Der Abbruch der Friedensgespräche isolierte die baskische Linke weiter. Bei den Neuwahlen des Autonomieparlaments 2001 stürzte sie von 17,9 Prozent auf 10,1 Prozent ab, während die Listenverbindung von PNV und EA auf über 40 Prozent kam und in der Folge eine Koalitionsregierung mit der spanischen Linkspartei Izquierda Unida bildete.

Die Illegalisierung der Linken

Mit dem Ende des Waffenstillstands hatte der Zentralstaat jede Legitimation, um die baskische Linke zu zerschlagen. Im Juni 2002 beschloss das Parlament in Madrid bei nur sechzehn Gegenstimmen ein Gesetz, das die Illegalisierung Batasunas ermöglichte. Den politischen Parteien wurde vorgeschrieben, alle Formen antistaatlicher Gewalt zu verurteilen. Batasuna weigerte sich, diese Klausel zu unterzeichnen, weil sie sich ihrer Meinung nach nicht gegen die politische Gewalt als solche, sondern einseitig gegen die ETA richte und damit die politischen Ursachen des Konflikts unsichtbar mache. Daraufhin erklärte der Ermittlungsrichter Baltasar Garzón Batasuna und eine Reihe anderer Organisationen für illegal[14] und rechtfertigte dies in der Urteilsbe-

14 Nachzulesen ist der Text auf der Webseite von Baltasar Garzón selbst: Juzgado Central de Instrucción N° 5, Auto de ilegalización de Batasuna, online unter: http://baltasargarzon.org/wp-content/uploads/2013/11/auto-baltasar-garzon-ilegalizaci%C3%B3n-batasuna.pdf.

gründung unter anderem mit den Absprachen, die die ETA 1980 mit legalen Organisationen getroffen hatte. Der Urteilsspruch war insofern völlig widersprüchlich, als die Gewerkschaft LAB, ebenfalls Teil der KAS-Koordination, legal blieb und der politische Charakter der Maßnahme damit offenkundig war. Trotzdem befanden sowohl der Oberste Gerichtshof Spaniens als auch der Europäische Gerichtshof für Menschenrechte in Strasbourg das Verbot der baskischen Linkspartei in der Folge als rechtmäßig. Batasuna wurde auf die Terrorliste der EU gesetzt und europaweit verfolgt, blieb in Frankreich aber eine legale Partei, die zu den Kommunalwahlen antrat und dort Gemeinderäte stellte.[15]

In Spanien wurde nun das gesamte Organisationsgeflecht der baskischen Linken zerschlagen, es folgten Massenprozesse mit mehreren Hundert Angeklagten. Neben den Jugendorganisationen Jarrai und Segi traf es die AEK-Sprachschulen, die Internationalismuskomitees Askapena, sämtliche Netzwerke zur Unterstützung von Gefangenen sowie die linken Medien. Auf die Zerschlagung *Egins* folgte 2003 die Schließung der baskischsprachigen Tageszeitung *Egunkaria*, die der ETA immer kritisch gegenüber gestanden hatte. Ihr Chefredakteur, Martxelo Otamendi, zahlte, wie bereits erwähnt, auch persönlich einen hohen Preis. Mehrere Tage lang wurde er in einer Kaserne der Guardia Civil gefoltert, was in Spanien nicht einmal zur Kenntnis genommen wurde. Der Europäische Gerichtshof verurteilte den spanischen Staat

15 Das führte zu der absurden Situation, dass die französisch-baskische Gemeinderätin Aurore Martin wegen ihrer politischen Arbeit in Frankreich 2012 an Spanien ausgeliefert wurde.

2012 schließlich, weil die Justiz sämtliche Ermittlungen wegen der Foltervorwürfe Otamendis unterschlagen hatte.

Die Repressionswelle stellte aber auch die Verankerung der baskischen Linken erneut unter Beweis. Nach der Schließung von *Egin* und *Egunkaria*, gründeten Leser*innen-Initiativen die Zeitungen innerhalb weniger Tage als Genossenschaften neu.[16]

Nicht nur die Pressefreiheit, sondern auch die Demokratie wurde im Baskenland teilweise suspendiert. Etwa 40.000 Personen, immerhin etwa zwei Prozent der Wahlberechtigten, verloren ihr passives Wahlrecht, da jede kommunale Liste, auf der ein Batasuna-Mitglied auftauchte, als Nachfolgeorganisation der illegalen Partei ebenfalls verboten wurde. Gerade in den kleinen linksregierten Gemeinden wurde es faktisch unmöglich, einen Bürgermeister aus der Ortschaft zu wählen. In der 400-Seelen-Gemeinde Lizartza (Gipuzkoa) beispielsweise kam es in den 2000er Jahren zu der absurden Situation, dass eine PP-Politikerin, die noch nie im Dorf gelebt hatte und bei den Wahlen nur 27 Stimmen erhalten hatte, Bürgermeisterin wurde. Obwohl 87 Prozent der Dorfbevölkerung für die verbotene Liste der

16 *Gara*, das Nachfolgeprojekt von *Egin*, wurde daraufhin ein zweites Mal attackiert. Die spanische Sozialversicherungsbehörde verdonnerte die Zeitung dazu, die Verbindlichkeiten *Egins* bei den Sozialversicherungen in Höhe von drei Millionen Euro zu übernehmen. Nach der illegalen Schließung *Egins* durch die Polizei sollte nun eine ganze andere Zeitung die dadurch aufgelaufenen Kosten übernehmen. Doch auch dieser Angriff scheiterte. Als die Zahlungsverpflichtung 2018 rechtskräftig wurde, gewann *Gara* innerhalb weniger Wochen fast 10.000 Abonennt*innen hinzu.

baskischen Linken gestimmt hatten, wurde die Bürgermeisterin dem Dorf mit Gewalt aufgezwungen: Begleitet von einer Großoperation der Guardia Civil suchte die PP-Politikerin jede Woche ihr Büro im Rathaus auf. Eine 61-jährige Demonstrantin, die dagegen protestierte, wurde wegen »Einschüchterung von Autoritäten« zu einer vierjährigen Haftstrafe verurteilt. In Ortschaften wie Lizartza verhält sich der spanische Staat bis heute wie eine Besatzungsmacht.

Auch um die Wählerschaft der verbotenen Linkspartei Batasuna für sich zu mobilisieren, startete der baskische Ministerpräsident Juan José Ibarretxe (PNV) eine eigene politische Initiative zur Lösung des baskischen Konflikts. 2004 schlug er im Autonomieparlament von Gasteiz vor, den spanischen Staat um die Autorisierung eines Referendums zu bitten. Dabei sollte nicht über die volle Unabhängigkeit des Baskenlandes, sondern über einen Assoziiertenstatus abgestimmt werden, wie ihn Puerto Rico gegenüber den USA innehat. Doch das Parlament in Madrid untersagte die Durchführung der von Ibarretxe vorgeschlagenen Volksbefragung mit 313 von 350 Stimmen – wobei die spanische Linke gegen das Referendum stimmte, obwohl Ezker Batua, die baskische Sektion von Izquierda Unida, den Plan unterstützte.

Die Organisationsverbote sorgten im Baskenland für eine Schwächung der sozialen Bewegungen und abnehmenden gesellschaftlichen Druck. Auch der neoliberale Politikwechsel in Europa, die Ausbreitung des kreditfinanzierten Konsums und die Attraktivität individualistischer Lebensmodelle schwächten die gesellschaftliche Linke merklich. Vor allem die Arbeiterbewegung verlor zwischen 1980 und

2010 spürbar an Bedeutung. Dabei unternahmen die baskischen Gewerkschaften ELA und LAB große Anstrengungen, um sich an die neuen ökonomischen und Beschäftigungsverhältnisse anzupassen. Die ursprünglich sozialchristliche ELA positionierte sich immer deutlicher als kapitalismuskritische Gewerkschaft, stellte die sozialpartnerschaftliche Rhetorik der PNV-Regierung infrage und forderte eine Debatte über postkapitalistische Gesellschaftsalternativen ein. Die radikalere LAB, die in den 1970er Jahren aus betrieblichen Basiskomitees heraus entstanden war, setzte auf Bündnisse mit den sozialen Bewegungen. Mit den Jugendorganisationen der Izquierda Abertzale führte die Gewerkschaft Kampagnen gegen die Prekarisierung der Beschäftigung durch – nach mehreren Arbeitsmarktreformen, die noch unter der PSOE 1984 eingesetzt hatten, lag der Anteil der prekär Beschäftigten bei den unter dreißigjährigen Bask*innen zur Jahrtausendwende bei knapp 50 Prozent. Zudem gehörte die LAB zu den ersten Gewerkschaften in Europa, die die Feminisierung der Arbeiterklasse in ihrer Führung abzubilden versuchten. 2008 wurde erstmals eine Frau zur Vorsitzenden der Gewerkschaft gewählt; seitdem stand kein Mann mehr an der Spitze des Gewerkschaftsverbands. – Bemerkenswert für eine Organisation, die von den spanischen Gewerkschaften CCOO und UGT als »nationalistisch« bezeichnet wird, weil sie die Unabhängigkeit des Baskenlands fordert, ist zudem, dass die LAB immer wieder Organisierungsprojekte unter afrikanischen Einwanderer*innen vorangetrieben hat. Besonders interessant war in diesem Zusammenhang der von der LAB mit überwiegend nordafrikanischen Erntearbeiter*innen 2018 organisierte Streik für bessere Arbeitsbedingungen auf Gemüsepflanzungen im südnavarrischen Peralta.

Doch trotz einer progressiven Gewerkschaftspolitik und einer nach wie vor vergleichsweise hohen Streikfrequenz ging die Macht der Arbeiterbewegung im Baskenland spürbar zurück, was sich auf das gesellschaftliche Klima insgesamt auswirkte. Fast alle großen Kampagnen der 2000er Jahre standen im Zusammenhang mit der staatlichen Repression: Sie richteten sich gegen Organisationsverbote und Massenprozesse oder forderten Hafterleichterungen für die Gefangenen. Höhepunkt dieser Mobilisierungen sind die jedes Jahr stattfindenden Demonstrationen für eine humanitäre Lösung des Gefangenenproblems, an der sich jeweils Anfang Januar etwa 100.000 Menschen beteiligen. Eine wichtige Rolle spielen zudem auch die Umweltbewegungen. Nach der Verhinderung des AKW Lemoiz und den Protesten gegen den Autobahnbau von Leitzaran in den 1980er Jahren erregten in den 1990er und 2000er Jahren insbesondere der Bau des Staudamms von Itoiz (Navarra) und der Trassen für den Hochgeschwindigkeitszug TAV die Gemüter. Die fast vollendeten, bis heute nicht in Betrieb genommenen Zugstrecken der sogenannten »Y vasca« sind vor allem deswegen umstritten, weil der Tunnelbau die Region regelrecht durchfräst. Dass die Umweltbewegungen relativ stark sind, hat auch damit zu tun, dass eine antikapitalistische Modernisierungs- und Entwicklungskritik in der Linken und auch in den Gewerkschaften weit verbreitet ist.

Spürbar wichtiger geworden ist in den letzten Jahren die feministische Bewegung, die seit den 1970er Jahren immer wieder in einem Spannungsverhältnis zur Unabhängigkeitslinken stand. Mit Egizan hatte die Linke zwar eine »eigene« Frauenorganisation, und sowohl Batasuna als auch die neue Linkspartei Sortu definiert(e) sich als »sozialistische, feministische und ökologische« Partei, aber wichtiger für die Verbreitung des Feminismus waren autonome Frauengruppen. Wie überall im spanischen Staat erstarkte diese Bewegung vor allem in den 2010er Jahren, wobei die Proteste gegen »machistische« Gewalt in Familie und Beziehungen zu einem Kristallisationspunkt wurden. Dass über das Phänomen in Spanien so viel geredet wird, liegt nämlich nicht daran, dass diese Art von Gewaltverbrechen hier häufiger vorkämen als beispielsweise in Deutschland. Die Zahl der von (Ex-) Partnern getöteten Frauen ist in Deutschland im Verhältnis zur Bevölkerungszahl etwa genauso hoch wie in Spanien, wurde dort bislang allerdings nicht gesondert registriert. Die Frauenbewegung im spanischen Staat hingegen ruft schon seit vielen Jahren in jedem noch so kleinen Dorf nach einem Todesfall zu Demonstrationen auf und hat das Problem damit sichtbar werden lassen.

Diese alltäglichen Proteste, die regelmäßig die Hauptnachrichten im Fernsehen dominieren, haben den Feminismus in Spanien zu einer Massenbewegung gemacht. Laut einer aktuellen Studie bezeichnet sich mehr als die Hälfte der spanischen Bevölkerung als feministisch,[17] am Frauenstreik 2018 beteiligten sich im ganzen Staat etwa fünf Millionen Frauen, allein in Bilbao waren 130.000 Menschen auf der Straße.

17 El País, 8.11.2018, https://elpais.com/sociedad/2018/11/07/actualidad/1541616264_498265.html.

Von den gescheiterten Verhandlungen mit Zapatero zum einseitigen Gewaltverzicht (2004–2011)

Auch wenn das Baskenland von der allgemeinen Entpolitisierung der europäischen Gesellschaften in den 1990er Jahren erfasst wurde, bestand die baskische Anomalie abgeschwächt fort. Man kann gar nicht genug betonen, wie ungewöhnlich die Situation war. Mitten in der Europäischen Union agierte eine nationale Befreiungsbewegung mit sozialistischen Zielen. Es gibt nichts daran zu beschönigen, dass der bewaffnete Kampf vielen Tausend Menschen das Leben zur Hölle machte. Gemeinderäte, Polizist*innen, Politiker*innen und ihre Angehörigen konnten sich nur mit Bodyguards bewegen und mussten jeden Tag um ihr Leben fürchten. Aber auch für die Anhängerschaft der Unabhängigkeitsbewegung war der Preis hoch. Wer sich der Linkspartei Batasuna oder einer der Jugendorganisationen anschloss, musste mit politischen Prozessen und langjährigen Haftstrafen rechnen; wer zur ETA ging, wusste, dass er oder sie in kürzester Zeit tot sein oder für viele Jahrzehnte im Gefängnis sitzen würde. Davor verbrachte er oder sie die Tage in abgedunkelten Wohnungen, ohne das Versteck verlassen zu können. Nur das starke Solidaritätsgefühl gegenüber den Untergetauchten und Gefangenen sowie die Überzeugung, dass dem Baskenland grundlegende demokratische Rechte vorenthalten wurden, veranlassten auch weiterhin Hunderte, meist jüngere Leute, sich der ETA anzuschließen.

Dabei wurde der bewaffnete Kampf auch in der Linken immer umstrittener. Ethisch waren viele Anschläge schon lange kaum noch zu rechtfertigen, der politische Schaden war offenkundig, und aufgrund der europäischen Po-

lizeikooperation wurden auch die Organisationsstrukturen der ETA zunehmend fragiler. Die Beendigung des Friedensprozesses von Lizarra-Garazi führte 2001 schließlich zu einer Spaltung Batasunas. Eine Gruppe um den Abgeordneten Patxi Zabaleta verließ die Koalition und gründete die Partei Aralar, welche die Anschläge der ETA scharf kritisierte. (Interessanterweise sollte sich dieser Bruch aber nicht als endgültig erweisen. Nachdem Zabaletas Tochter Miren 2009 wegen ihrer politischen Arbeit zu einer langjährigen Gefängnisstrafe verurteilt wurde, wurde auch die Kritik
 Aralars am spanischen Staat wieder schärfer. Nachdem sich 2011 auch Batasuna vom bewaffneten Kampf distanziert hatte, gingen die beiden Organisationen ein Jahr später ein neues Bündnis ein.)

Die islamistischen Anschläge von März 2004, bei denen in Madrid 193 Menschen in Nahverkehrszügen getötet und 2.000 verletzt wurden und die der konservative Ministerpräsident Aznar zunächst der ETA in die Schuhe zu schieben versuchte, stellten eine Zäsur dar. Der religiöse Terror attackierte ganz gezielt die Zivilbevölkerung und führte damit zu einer massiven gesellschaftlichen Gegenreaktion.

Vor diesem Hintergrund bemühte sich Batasuna ab 2002 um die Wiederaufnahme von Friedensgesprächen, wobei man die Hoffnung hegte, mit dem im März 2004 unmittelbar nach den Anschlägen von Madrid zum Regierungschef gewählten PSOE-Vorsitzenden José Luis Rodríguez Zapatero über eine »zweite *Transición* Spaniens« verhandeln zu können. Eine besondere Rolle kam dabei Katalonien zu. Die ETA knüpfte Kontakte zu der linksrepublikanischen Regionalpartei ERC, die seit 2003 mit der PSC (der regionalen

PSOE-Sektion) die katalanische Autonomieregierung in Barcelona stellte, deklarierte einen Waffenstillstand für Katalonien und stellte auch im restlichen Staatsgebiet die Anschläge auf Personen ein. Gemeinsam mit den katalanischen Parteien hoffte man, Zapatero zu einer republikanischen Reform Spaniens bewegen zu können, die das Selbstbestimmungsrecht der anderen Nationen anerkennen würde. Wie schon bei den Abkommen von Lizarra-Garazi sollten sich die baskischen Parteien – federführend PNV, PSOE und (die mittlerweile illegale) Batasuna – über die politischen Fragen verständigen, während Madrid und ETA über die Niederlegung der Waffen und eine Lösung für die Gefangenen reden sollten.

Doch auch dieser dritte Friedensprozess scheiterte. Auf der spanischen Seite mobilisierte die extreme Rechte mithilfe der *Asociaciones de Víctimas del Terrorismo* (Verbände der Terrorismusopfer) Massendemonstrationen mit vielen Hunderttausend Teilnehmer*innen, und auch die PSOE-Rechte leistete massiven Widerstand. Innenminister Alfredo Rubalcaba verweigerte die vereinbarten »humanitären Gesten« (v. a. die Verlegung kranker ETA-Gefangener in die Nähe ihrer Heimatorte), und die PSOE-Fraktion im Madrider Parlament beschnitt das neue katalanische Autonomiestatut, was schließlich zum Sturz der Generalitat, zur Spaltung der PSC und zum Entstehen einer katalanischen Unabhängigkeitsbewegung führen sollte. Auf der baskischen Seite hingegen sabotierten die Hardliner in der ETA die Verhandlungslösung, die in ihren Augen nicht weit genug ging. Nachdem die ETA im Dezember 2006 ihren Waffenstillstand ohne Vorankündigung brach und bei einem Anschlag auf den Flughafen Barajas in Madrid zwei ecuadorianische Arbeiter tötete, wurden die Gespräche noch eine Weile inoffiziell weitergeführt, dann aber ergebnislos abgebrochen. Ende 2007 nahm die ETA ihren bewaffneten Kampf wieder auf.[18]

Die Batasuna-Führung, die sich von einem Teil der ETA regelrecht sabotiert fühlte, nahm diese Entwicklung zum Anlass, um auf einen einseitigen Strategiewechsel hinzuarbeiten und eine Einstellung des bewaffneten Kampfs auch ohne Gegenleistung durchzusetzen. Eine führende Rolle dabei spielten der Generalsekretär der Gewerkschaft LAB, Rafa Díez, die Aktivistin der Studierendenbewegung Miren Zabaleta sowie der langjährige Batasuna-Sprecher Arnaldo Otegi, der gerade erst wegen Majestätsbeleidigung und einer Gedenkveranstaltung für den 1978 vom spanischen Geheimdienst ermorden ETA-Führer Argala[19] zweimal ein Jahr im Gefängnis gesessen hatte. Zabaleta, Otegi, Díez und einige andere Politiker*innen drängten auf eine Abstimmung der Parteibasis über das Verhältnis zur politischen Gewalt. Diese Debatte, die sowohl bei Batasuna als auch in der ETA und im Gefangenenkollektiv geführt wurde, zog schließlich 2011 das definitive Ende des bewaffneten

18 Einen guten Überblick über den letzten Verhandlungsversuch 2006/2007 liefern Theresa Whitfield: Endgame for ETA. Elusive Peace in the Basque Country (Oxford 2014) und Imanol Murua Uria: Un final para ETA. Crónica de un proceso inacabado, Donosti 2016.

19 Argala war während der Franco-Diktatur in der ETA aktiv gewesen und wurde von Rechtsextremen getötet. Dennoch wertete das spanische Gericht die Gedenkveranstaltung als »Apologie des Terrorismus«.

Kampfs nach sich. Die Hardliner mussten nachgeben, die ETA erklärte einen diesmal endgültigen Gewaltverzicht und bot bei einer Friedenskonferenz unweit von San Sebastián die Übergabe ihrer Sprengstoffarsenale an. Obwohl sich hochkarätige Diplomat*innen, unter anderem der ehemalige UN-Generalsekretär Kofi Annan und die ehemaligen Regierungschefs von Norwegen und Irland Gro Harlem Brundtland und Bertie Ahern aktiv in den baskischen Friedensprozess einbrachten, verweigerte die spanische Regierung selbst gegenüber den internationalen Vermittler*innen jeden Kontakt.

Stattdessen bemühte sich die spanische Regierung, den Strategiewechsel der baskischen Linken zu sabotieren und eine Spaltung der ETA zu provozieren. Man nutzte das Verbot Batasunas, um trotz einer probaskischen Mehrheit in der Bevölkerung erstmals seit 1979 eine unionistische Autonomieregierung in Gasteiz zu installieren. PSOE und PP bildeten nach den Wahlen 2009 eine Koalitionsregierung, die die PNV ablöste und einen Rechtsruck in der Autonomiegemeinschaft vollzog. Gleichzeitig verschärfte der spanische Innenminister Alfredo Rubalcaba (PSOE) die Repression gegen die Linke weiter. Es folgten neue Organisationsverbote, und die wichtigsten Fürsprecher*innen des Gewaltverzichts wurden verhaftet. Wegen ihrer politischen Aktivitäten wurde die Gruppe um Arnaldo Otegi, Rafa Díez und Miren Zabaleta schließlich zu einer sechsjährigen Gefängnisstrafe verurteilt. Doch trotz dieser Maßnahmen, die darauf abzielten, die Izquierda Abertzale zu zerschlagen, ließ sich die baskische Linke nicht von ihrem Kurs abbringen. Zwar gab es einige Abspaltungen, und Gruppen wie ATA oder die Gazte Koordinadora Sozialista kritisieren seit 2012 den »reformistischen« und »kleinbürgerlichen« Kurs der Unabhängigkeitsbewegung, doch anders als in Nordirland gab es keine Abspaltung, die versucht hätte, den bewaffneten Kampf wiederaufzunehmen.

Aus Sicht der spanischen Medien handelt es sich bei dem Ende der ETA um einen Sieg der Polizei über den Terrorismus, doch die starken Wahlergebnisse der Unabhängigkeitslinken, die bei den Wahlen 2011 aus dem Stand 25 Prozent der Stimmen auf sich vereinigen konnte, verweisen darauf, dass ein bewusster politischer Strategiewechsel stattgefunden hat.

Das Linksbündnis EH Bildu

Das Jahr 2011 markierte in Spanien einen Einschnitt. Mit den Platzbesetzungen des 15-M betrat eine neue Generation des politischen Aktivismus die Bühne und löste große Euphorie aus. Ganz anders hingegen im Baskenland. Die Mobilisierungen waren hier über Jahrzehnte so stark gewesen, dass sich nach dem Ende der ETA eher Ermüdung und Ernüchterung einstellten. Die Aktionen der *Indignados* blieben überschaubar, die Platzbesetzungen, die in Spanien ein politisches Vakuum zu füllen schienen, waren im Baskenland nur eine von vielen Aktionsformen der sozialen Bewegungen. Podemos, die nach dem Protestzyklus neu gegründete Linkspartei, erzielte bei den spanienweiten Wahlen 2015 in der Comunidad Autonóma Vasca mit 29 Prozent zwar ein sensationelles Ergebnis, doch wie sich herausstellen sollte, handelte es sich dabei in erster Linie um Leihstimmen. Viele Linke hatten Podemos in der Hoffnung gewählt, in Madrid eine föderalistische Regierung zu bekommen. Bei den darauffolgenden Autonomiewahlen ging der Anteil von Podemos auf 14,8 Prozent massiv zurück.

Die Unabhängigkeitslinke hingegen war in den Jahren 2011 bis 2018 vor allem damit beschäftigt, das Ende der ETA abzuwickeln und ein breiteres politisches Bündnis aufzubauen. Weil die Regierungen in Madrid und Paris alle Versuche der ETA abwehrten, die Waffen geordnet zu übergeben, zog sich das Ende der Untergrundorganisation noch einige Jahre hin. Schließlich wurden die Sprengstoff- und Munitionsdepots von einer französischen Bürgerinitiative übernommen, die sie dann den Behörden aushändigte. Am 3. Mai 2018, nach 60 Jahren des illegalen Kampfs, löste sich die ETA endgültig auf. Trotz der 800 Toten, die die ETA zu verantworten hat, und des damit verbundenen großen menschlichen Leids muss man zur Kenntnis nehmen, dass keine andere revolutionäre Organisation in Westeuropa gesellschaftlich so stark verankert war wie sie. Und Teil der historischen Wahrheit ist weiterhin, dass wenige Gruppen in Spanien so entschlossen Widerstand gegen den Franquismus und sein politisches Erbe leisteten wie die baskische Linke.

Das Ende des bewaffneten Kampfs ermöglichte eine Neuordnung der politischen Landschaft. 2011 wurde mit Sortu eine Nachfolgeorganisation Batasunas gegründet, die einen Bruch »mit dem kapitalistischen und patriarchalen System sowie den Aufbau einer völlig anderen, auf partizipativer Demokratie beruhenden Gesellschaft« anstrebt. Gemeinsam mit der mittlerweile aufgelösten Batasuna-Abspaltung Aralar, der sozialdemokratischen Eusko Alkartsuna (die sich 1986 von der PNV getrennt hatte) und der kleinen linksradikalen Alternatiba (einer marxistischen Abspaltung von Izquierda Unida) bildet Sortu seitdem das Linksbündnis EH Bildu, das als Parteienkoalition entstand, aber zunehmend als eigenständige Organisation auftritt. Bei den Autonomiewahlen 2012 wurde EH Bildu mit 24,7 Prozent wichtigste Oppositionskraft im baskischen Autonomieparlament, in Navarra kommt das Bündnis auf knapp 15 Prozent. (Bei den gesamtspanischen Wahlen schneidet das Bündnis allerdings deutlich schlechter ab und liegt nur bei knapp 17 Prozent).

EH Bildu ist vor allem lokal verankert. Aufgrund ihrer Stärke in kleinen und mittleren Gemeinden hat die Linke mehr Gemeinderäte als jede andere Partei im Baskenland. In den Großstädten ist sie hingegen relativ schwach. 2011 sowie 2015 eroberte man zwar jeweils für eine Amtszeit die Rathäuser der eher konservativen Städte San Sebastián respektive Pamplona, doch da gleichzeitig die PNV in den letzten Jahren zunehmend auch von spanischen Rechten gewählt wird, gibt es wenig Aussichten auf eine Ablösung der baskischen Christdemokratie.

Besondere Bedeutung hatte in den letzten Jahren die Autonomiegemeinschaft Navarra, wo EH Bildu gemeinsam mit der navarrisch-baskischen Regionalpartei Geroa Bai sowie den spanischen Linksparteien Podemos und Izquierda Unida bis 2019 die Regierung stellte. Es war die einzige linke Autonomieregierung ohne Beteiligung der PSOE im spanischen Staat. Doch da Podemos bei den Autonomiewahlen 2019 in Navarra fünf ihrer sieben Mandate verlor, büßte die Linksregierung ihre Mehrheit ein. Mittlerweile regiert in

Navarra die PSOE in einer Koalition mit Geroa Bai, Podemos und Izquierda Unida. Interessant ist, dass EH Bildu aus diesem Bündnis ausgeschlossen wurde, weil die PSOE die Partei für zu radikal hält.

Abschließend kann man festhalten, dass die baskische Linke weltweit zu den wenigen politischen Bewegungen zählt, die den bewaffneten Kampf einseitig beendet haben, ohne danach in der Bedeutungslosigkeit zu verschwinden. Mit einem Wähleranteil von 20 bis 25 Prozent hat sie im Moment zwar wenig Aussichten, die PNV zu verdrängen, ist und bleibt jedoch ein zentraler politischer Akteur – zumal sich die Kräfteverhältnisse im Baskenland durchaus verschoben haben. Die spanischen Rechtsparteien – PP, Ciudadanos und Vox – gewannen bei den spanischen Wahlen 2019 in der Autonomiegemeinschaft Euskadi kein einziges der zu vergebenden 18 Mandate, während die drei Parteien, die (zumindest verbal) das baskische Selbstbestimmungsrecht verteidigen – PNV, EH Bildu und Podemos –, zusammen auf 65 Prozent kamen. Bemerkenswert ist auch der Wähleranteil links der PSOE: 34 Prozent der Wählerschaft stimmte zuletzt für die Linksparteien EH Bildu und Podemos. Offensichtlich verfügt der politische Status quo im Baskenland über keine Mehrheit in der Bevölkerung.

Über die Politik der baskischen Linken

Gegenhegemonie

Kein anderer Begriff wurde in den Debatten der spanischen Linken in den vergangenen Jahren so inflationär verwendet wie jener der »Hegemonie«. Die Podemos-Gründer*innen wollten hegemonietheoretisch »den Himmel stürmen«, die Comunes[20] um die Bürgermeisterin von Barcelona, Ada Cola, »die Hegemonie der *convergents*«, also der katalanischen Rechten, brechen, und auch im Baskenland begründete die Unabhängigkeitslinke ihren Strategiewechsel 2011 mit der Möglichkeit, der »PNV die Hegemonie streitig zu machen«. Dabei wurde der Begriff fast immer als Synonym für die Stärkung der eigenen Partei begriffen: Aber sind gute Wahlergebnisse und Regierungsposten tatsächlich schon ein Ausdruck linker Gegenhegemonie?

20 Barcelona en Comú gehört zu den »munizipalistischen« Kandidaturen im spanischen Staat. Dabei handelt es sich um offene linke Listen, die 2015 eine Reihe von Rathäusern eroberten. *Comunes* ist die Kurzbezeichnung für das Projekt.

Der italienische Marxist Antonio Gramsci, auf den sich die Linke in diesem Zusammenhang normalerweise bezieht, entwickelte sein Hegemoniekonzept anhand des Risorgimento, des Gründungsprozesses des modernen Italiens. Gramsci stellte sich die Frage, warum das Risorgimento – anders als die Französische Revolution 1789 – keinen radikaleren Weg eingeschlagen hatte, und beantwortete sie mit dem Unvermögen der radikaleren Teile des italienischen Bürgertums, eine Führungsrolle zu übernehmen und einen Machtblock zu schmieden. Diese Überlegung wandte Gramsci dann auch auf das Scheitern der sozialistischen Revolutionen in West- und Mitteleuropa um 1918 an und entwickelte die These, dass Herrschaft in bürgerlichen Gesellschaften eine komplexere Gestalt annehme als in einer feudalen Gesellschaft wie dem zaristischen Russland. Die Stabilität der Macht beruhe maßgeblich darauf, dass eine Vielzahl von Organisationen, Apparaten und Praktiken die Menschen davon überzeugen, in der besten aller möglichen Gesellschaftsordnungen zu leben. Das Feld, auf dem dieser Konsens hergestellt wird, bezeichnet Gramsci als »Zivilgesellschaft«. Kirche, Medien, Schule, Universitäten, populäre Literatur oder später das Fernsehen, die Werbung, Massenorganisationen usw. – all das sind bei ihm Einrichtungen und Felder zur Produktion jenes Konsenses, der die Untertanen dazu bewegt, die Machtverhältnisse aktiv mitzutragen. Für die subalterne Klasse oder eine revolutionäre Bewegung müsse es dementsprechend darum gehen, den Herrschenden diese Führung streitig zu machen und den Konsens aufzubrechen. Dabei spielen Alltagsverstand und -kultur der Bevölkerung eine zentrale Rolle.

Gramsci war nun keineswegs der Meinung, dass sich Hegemonie durch das freie Spiel demokratischer Kräfte ergibt. Als Marxist war er sich dessen bewusst, dass die bürgerliche Demokratie eine Form der Zwangsherrschaft darstellt, in der die vermögende Klasse erstens über größere Ressourcen und zweitens über die Gewaltmittel verfügt, um notfalls auch mit Waffen zu regieren. Die berühmte Formulierung Gramscis lautet in diesem Sinne, der Staat sei »Hegemonie, gepanzert mit Zwang«. Die Gewaltapparate Polizei, Justiz und Armee sowie das Eigentum an Produktionsmitteln blieben zentrale Säulen bürgerlicher Herrschaft, doch stabil werde Letztere erst, wenn es der herrschenden Klasse gelinge, die Bevölkerung von der Funktionalität der Ordnung zu überzeugen.

Hegemonie ist also deutlich mehr als die Fähigkeit einer Partei, Wahlen zu gewinnen und sich in den Institutionen festzusetzen. Viel entscheidender ist es, jene Meinungsführerschaft zu erlangen, die den Common Sense prägt. Als progressive Hegemonieverschiebung ließe sich in diesem Sinne der Prozess nach 1968 beschreiben, der auch Mitte-Rechts-Parteien zwang, faschismuskritische und feministische Positionen aufzugreifen. Umgekehrt stellen die marktliberale Wende der sozialdemokratischen Parteien oder die Übernahme migrationsfeindlicher Argumente durch die Mehrheitsgesellschaft Hegemonieverschiebungen nach rechts dar.

Inwiefern hat nun aber die Unabhängigkeitslinke im Baskenland Hegemoniepolitik gemacht? Obwohl Gramscis *Gefängnishefte* in Europa ab den 1960er Jahren breit rezipiert wurden und das Entstehen einer neuer baskischen Linken in dieselbe Zeit fällt, spielten die Schriften des italienischen

Marxisten im Baskenland keine größere Rolle. Doch auch ohne diesen theoretischen Bezug war die Region neben der roten Reggio Emilia in Italien wahrscheinlich jener Landstrich in Europa, in dem sich am deutlichsten von einer linken Gegenhegemonie sprechen lässt.

Bemerkenswerterweise ist diese alternative Meinungsführerschaft im Baskenland nicht in Großstädten wie Bilbao, sondern in den mittleren und kleinen Ortschaften der Provinz Gipuzkoa und der daran angrenzenden Gebiete in Navarra, Araba und Bizkaia am spürbarsten. Als linke Hochburgen gelten Mittelstädte wie Arrasate, Oñati und Bergara (wo das Genossenschaftskonsortium Mondragón Corporación Cooperativa seinen Sitz hat), der Industriegürtel um das eher großbürgerliche Donosti mit den Gemeinden Hernani, Errenteria oder Pasaia, vor allem aber Dörfer in abgelegenen Tälern. Zum Beispiel das Zweitausend-Seelen-Dorf Leitza im Westen der Autonomiegemeinschaft Navarra, das aus spanischer Sicht gar nicht mehr zum Baskenland gehört: Am Ortseingang prangt ein großes Wandgemälde mit einer kurdischen Widerstandskämpferin, an der Hauptstraße hängen Transparente, die Solidarität mit einem Arbeitskampf in einer der örtlichen Fabriken einfordern, auf dem Hauptplatz steht in großen Lettern »Sozialismoa«, und die wichtigste Kneipe im Dorf ist die Herriko Taberna, das soziale Zentrum der Unabhängigkeitslinken. Die Wahlergebnisse sind nicht die Ursache der Situation, spiegeln sie aber wider. Bei den Gemeinderatswahlen 2019 kam das Linksbündnis EH Bildu auf 82 Prozent.

Leitza ist im Baskenland kein Einzelfall. Gerade in den kleineren Gemeinden stößt man auf eine lebendige Selbstorganisierung der Bevölkerung, alternative Jugendzentren und eine hohe Bereitschaft zum sozialen Konflikt. Wie lässt sich das erklären? Die Gebiete, in denen die Linke den kulturellen Alltag und die politische Situation prägen, haben drei Merkmale gemein: Es sind Landstriche, in denen 1) das Euskara nicht vom Spanischen verdrängt worden ist, 2) industrielle Strukturen und damit auch Erfahrungen mit Arbeitskämpfen und sozialen Bewegungen vorhanden sind und die 3) maximal so groß sind, dass die unmittelbare Kommunikation noch funktioniert.

Anders formuliert: Es sind Ortschaften, in denen gewachsene Gemeinschaftsstrukturen existieren und der nationale Konflikt als zentrale politische Achse wahrgenommen wird. Gleichzeitig haben Industrialisierung, Migration, Arbeitskämpfe und Repressionserfahrungen jedoch dafür gesorgt, dass sich die kulturelle Identität nicht als rechter Konservativismus äußert, sondern mit emanzipatorischen Vorstellungen verbindet. Ich will an einigen Beispielen illustrieren, was dies in der Praxis bedeutet:

Enorm wichtig für das Sozialleben im Baskenland sind, vor allem in den Sommermonaten, die Dorf- und Stadtteilfeste. Schon auf den ersten Blick fällt auf, wie politisiert diese Feiern sind. In den Straßen hängen Transparente mit politischen Forderungen und Parolen, nicht selten sind Solidaritätsessen für 200 oder 300 Personen, bei denen Geld für die politischen Gefangenen gesammelt wird, Teil des offiziellen Festprogramms, und die Getränkestände gehören nicht dem Heineken-Konzern oder der Gemeinde, sondern politischen Initiativen, die damit ihre Arbeit finanzieren. Dieser Aspekt gegenhegemonialer Politik lässt sich auch in Bilbao beobachten. Auf der *Aste Nagusia* (Große Woche) Ende August werden die Stände von sogenannten Komparsen-Gruppen betrieben, hinter denen sich fast immer politische Organisationen verbergen. Das große Zelt der Komparsengruppe *Txomin Barullo* (die mit Groucho Marx auf der Zeltplane wirbt) ist aus der Baskischen Kommunistischen Bewegung (EMK)[21] hervorgegangen, die *Mamiki*-Komparsen gehen auf die feministische Asamblea de Mujeres de Bizkaia zurück, *Txori Barrote* wird von den Komitees zur Solidarität mit den politischen Gefangenen getragen, der *Kaskagorri*-Stand gehört der Jugendorganisation ERNAI und auch die Gewerkschaften ELA, LAB und CGT sind auf dem Fest präsent. Obwohl die Stadtregierung seit Jahrzehnten von der christdemokratischen PNV gestellt wird, befindet sich das sogenannte *Arenal*, der zentrale Platz im Herzen Bilbaos, während des Stadtfests im August damit fest in den Händen von sozialen und politischen Bewegungen.

Die Verbindung von Feiern und Politik, die auch in der Parole *Jaiak bai, borroka ere bai* (»Ja zum Feiern wie zum Kämpfen«) zum Ausdruck kommt, ist für die Linke nicht nur wichtig, weil sie zur Finanzierung der Strukturen und zur Verbreitung politischer Forderungen beiträgt. Vor allem stellt sie eine niederschwellige Form der Selbstorganisierung dar. Die Komparsen funktionieren weniger wie ein deutscher Verein als vielmehr wie eine Basisgruppe.

Die bürgerlichen Kommunalregierungen bemühen sich seit Langem, den politischen Gehalt der Stadtfeste zurück-

21 Die mittlerweile aufgelöste EMK ist vergleichbar mit dem Kommunistischen Bund in Deutschland.

zudrängen und die *Txosnak*, also die Stände der Organisationen, zumindest aus der Innenstadt zu verbannen. In Pamplona, wo der Konflikt zwischen spanischen Rechten und der Unabhängigkeitslinken besonders heftig ausgetragen wird, kommt es deswegen immer wieder zu gewaltsamen Polizeieinsätzen. Doch eine vollständige Verdrängung der politischen Gruppen ist schwierig – nicht zuletzt auch deshalb, weil viele Stadtfeste überhaupt erst durch die Linke reaktiviert worden sind. Unter dem Franquismus waren die Stadtfeste in den Händen der katholischen Obrigkeit, baskische Bräuche waren verboten oder zumindest verpönt: So konnte der Karneval von Tolosa nur beschränkt gefeiert, die »heidnische« Fasnacht von Altsasua überhaupt erst nach dem Ende der Diktatur wieder ins Leben gerufen werden. Es waren linke Initiativen, die die traditionelle Folklore wiederbelebten, was wiederum den ungewöhnlichen Umstand erklärt, dass Jugendliche am Abend zum Punkkonzert gehen, um am Morgen danach zu Volksmusik zu tanzen oder traditionelle Sportarten wie Pelota (eine Art Squash ohne Schläger), Holzhacken, Sensen oder Steineheben zu praktizieren.

Ganz ähnlich ist es beim Reimgesang, dam sogenannten *Bertsolaritza*, bei dem es sich um eine Zwischenform zwischen Dichtkunst und Volkslied handelt. Zu feststehenden Melodien werden Reime improvisiert, die sich durch Wortwitz und Originalität auszeichnen sollen. Die meisten *Bertsolari*, die bei Dorffesten, Familienfeiern und Wettbewerben auftreten, kommen aus dem linken Milieu, viele von ihnen schreiben auch Literatur. Entsprechend werden in der Improvisation häufig gesellschaftliche und politische Fragen verhandelt. Bei dem großen Bertso-Wettbewerb, dem alle vier Jahre stattfindenden *Bertsolari Txapelketa Nagusia*, kommen mehr als zehntausend Menschen in einer Sporthalle zusammen, um sechs oder sieben Stunden lang konzentriert zuzuhören. Es ist vermutlich eine der populärsten Lyrikveranstaltungen Europas.

Diese Weiterentwicklung des Reimgesangs steht in engem Zusammenhang mit dem Sprachkonflikt. Während der Diktatur überlebte das Baskische nur als Alltagssprache in den Familien; in den 1960er Jahren erlebte es eine regelrechte Revolution, in deren Verlauf es als moderne Sprache neu erfunden werden musste. Dabei ergaben sich viele Schnittstellen zwischen politischem und linguistischem Aktivismus. Viele der jungen Schriftsteller, die anfingen, auf Baskisch zu experimentieren, waren auch im antifranquistischen Widerstand aktiv.

Obwohl das Euskara seit der Einführung des Autonomiestatuts 1980 massiv gefördert wird und eine bestandene Sprachprüfung heute Voraussetzung für eine Festanstellung bei den Autonomiebehörden ist, ist die Sprache nach wie vor ein zentrales Feld der politischen Auseinandersetzung. Die Präsenz der spanischen Massenmedien und die Politik des Zentralstaats sorgen dafür, dass das Baskische trotz aller Sprachförderung marginalisiert bleibt. Auf Baskisch zu leben ist immer noch ein Kraftakt, zu dem man sich bewusst und aus politischen Gründen entscheidet.

Einen weiteren Grund, warum an die traditionelle Kultur von links angeknüpft wird, stellen die solidarischen und egalitären Elemente der Populärkultur dar. Sichtbarer Ausdruck hiervon ist der *Poteo*, die Kultur des Weggehens. Im Baskenland ist man am Wochenende fast immer mit der

Cuadrilla, Gruppen von etwa zehn Personen, unterwegs. Dabei werden Getränke in der Regel für die ganze Runde und nicht individuell bestellt. Manchmal wird dafür am Anfang des Abends Geld zusammengeworfen, oft aber herrscht einfach eine Ökonomie des gegenseitigen Vertrauens: Jeder gibt irgendwann am Abend einmal eine Runde aus; Aufrechnen ist verpönt. Auf diese Weise wird die Tauschwertlogik außer Kraft gesetzt.

Trotz solcher Anknüpfungspunkte ist die Populärkultur – Volksmusik, Trachten, Reimgesang und traditionelle Sportarten (*herri kirolak*) – als solche natürlich nicht progressiv. Dass sie widerständig aufgeladen worden ist und sich mit emanzipatorischen Vorstellungen verbinden konnte, zeigt, wie sehr die Bedeutung kultureller Alltagspraxis umkämpft, also Bestandteil der Auseinandersetzungen um Hegemonie ist. Noch zu Beginn des 20. Jahrhunderts war der Bezug auf die Identität auch im Baskenland konservativ. Die PNV propagierte Traditionen und die eigene Sprache, um sich von den Armutsmigrant*innen aus dem Süden abzugrenzen. Doch die Politik des Zentralstaats trieb den baskischen Nationalismus, wie im Eingangskapitel skizziert, nach links und zwang ihn in ein Bündnis mit der Arbeiterbewegung. Die bleiernen Jahrzehnte der Diktatur, als der Franquismus nicht nur »die Kommunisten«, sondern auch die kulturelle Identität der anderen Nationen bekämpfte, taten ein Übriges. Die Pflege der baskischen Kultur wurde somit zur Widerstandshandlung. Gleichzeitig schufen die Agonie der PNV und das Entstehen einer vom Antikolonialismus der »Dritten Welt« inspirierten Unabhängigkeitsbewegung die Voraussetzung dafür, dass die Verteidigung der Kultur zunehmend zum Monopol der revolutionären Linken wurde.

Die Vorgehensweise des Franquismus war in diesem Zusammenhang extrem ungeschickt. Mit seiner aggressiven Mischung aus Repression, Indoktrination und Zwangsassimilation drängte er eine ganze Zivilgesellschaft in die Klandestinität ab. Praktisch alle Orte des Soziallebens wurden subversiv aufgeladen. Die Gastronomievereine, ursprünglich Horte patriarchaler Kultur, verwandelten sich in Rückzugsorte der kulturellen und politischen Differenz. Die neu entstehenden Folkloregruppen und Baskisch-Sprachschulen fungierten als Vorfeldorganisationen der politischen Bewegung, so mancher Komparsen- oder Trachtenverein wurde von der ETA als Depot genutzt, um Propagandamaterial zu verstecken. Auf diese Weise verwandelten sich Literatur, Sportarten, Reimgesang, Folklore und sogar die Fasnacht in Widerstandspraxis.

Dass der Franquismus es der baskischen Linken in dieser Hinsicht so einfach machte, hatte auch mit der Dynamik des bewaffneten Konflikts zu tun. Die ETA, die, wie im Eingangskapitel erläutert, am Ende der Diktatur eher den Charakter einer antifaschistischen Einheitsorganisation besaß, provozierte die gewaltsame Repression des Staates, setzte selbst aber keineswegs nur auf den bewaffneten Kampf. Die ETA blieb bis zu ihrer Auflösung eine politisch-militärische Organisation, die unterschiedliche Formen des Widerstands auf ein gemeinsames Ziel hin zu orientieren suchte. Bis etwa 1976 war die politische, kulturelle und gesellschaftliche Arbeit auch organisatorisch unter einem Dach vereint. Wie erwähnt, bestand die ETA in dieser Zeit aus vier

Abteilungen: einer »Arbeiterfront« zum Aufbau illegaler Basisgewerkschaften in den Betrieben, einer »politischen Front«, die für Bündnisarbeit und dann auch die ersten kommunalen Kandidaturen in Dörfern und Kleinstädten verantwortlich war, einer militärischen Abteilung, die wie eine Stadtguerilla funktionierte, und einer »kulturellen Front«, die sich um Sprachschulen, Folkloregruppen, literarische Zeitschriften usw. kümmerte.

Dieses breite Verständnis von Widerstand trug nicht nur dazu bei, die *euskaldune* Kultur vor dem Verschwinden

zu bewahren – was die ETA noch lange nach Francos Tod auch in den Augen konservativer Basken legitimierte –, sondern bekräftigte den Zentralstaat in seiner nationalistischen Raserei. Baskisch zu reden war für spanische Polizisten die unmittelbare Vorstufe des Terrorismus.

In diesem Sinne könnte man also sagen, dass sich ein Amalgam aus Alltagskultur, sozialen Forderungen, politischen Kämpfen und klandestiner Widerstandspraxis herausbildete. Diese Verbindung herzustellen, war in der baskischen Linken keineswegs unumstritten und setzte große Anstrengungen voraus. Zwischen 1967 und 1982, als sich die Debatten der internationalen Linken auch im Baskenland niederschlugen, forderten Strömungen immer wieder Richtungsentscheidungen, um die widersprüchliche Verbindung von Klassenpolitik und Kulturalismus in die eine oder andere Richtung aufzuheben. Die trotzkistischen und maoistischen Strömungen der ETA (die als ETA-VI.-Asamblea bzw. ETA-Berri firmierten und zeitweise die Mehrheit der Organisation stellten) plädierten für eine Konzentration auf Arbeiterkämpfe, während die sogenannten Kulturalisten sich auf die Verteidigung der baskischen Identität beschränken wollten. Die Unabhängigkeitslinke, die bis heute Bestand hat, verteidigte eine »verbindende« Position, mit der eine Klammer etabliert wurde: Klassenstandpunkt *und* Verteidigung der baskischen Kultur.

Interessanterweise gelang dies gerade dank eines gewissen Mangels an theoretischer Schärfe. 1967 definierte die ETA das »baskische Arbeitervolk« als Subjekt der sozialen Befreiung. Baske war, wer in Euskal Herria lebte und arbeitete. Das war insofern sympathisch, als es den definitiven Bruch mit dem traditionellen Ethnizismus bedeutete. Nicht Herkunft und Familie, sondern die soziale Stellung sollte darüber entscheiden, ob jemand Teil des politischen Subjekts war. Besonders kohärent war die Theorie jedoch nicht: Auf Grundlage der neuen Definition war ein baskischer Industrieller nicht mehr Teil des »baskischen Volkes«, die Arbeitsmigrant*innen aus Burgos oder Badajoz hingegen wurden eingebürgert. Genau dieses theoretische Manöver ermöglichte es der Unabhängigkeitslinken jedoch, ein Projekt zu entwickeln, das eine offene, alltagskulturelle Widerstandsgemeinschaft zum Ausgangspunkt nahm und die Popularkultur mit sozialen Kämpfen verknüpfte. Zukunft statt Herkunft.

Dass diese Strategie nicht einfach zu einem Arbeiterklassen-Nationalismus führte, wie er nach dem Zweiten Weltkrieg für die westeuropäischen Kommunistischen Parteien charakteristisch gewesen war (die in Italien, Frankreich oder Griechenland mit Verweis auf die Partisanengeschichte sehr patriotisch auftraten), lag an den Impulsen, die die baskische Linke vom Mai 68 und den sich im Anschluss daran entwickelnden Alternativkulturen aufnahm. Schon bald arbeitete die baskische Linke nicht mehr nur an der Verbindung von Arbeiterkämpfen und nationalen Forderungen, sondern stellte auch konservative und patriarchale Lebenskonzepte infrage.

Hier verband sich die Populärkultur also mit einem ganz eigenen Strang von Gegenhegemonie: Die subkulturelle Rebellion, die Ende der 1960er Jahre einsetzte, veränderte mit einiger Verzögerung auch die Lebens- und Beziehungskonzepte der Jugendlichen in Spanien. Weil die baskische Linke als Verteidigerin der traditionellen Kultur im dörflichen und kleinstädtischen Milieu viel Anerkennung genoss, erreichte die gegenkulturelle Praxis auch Orte, die anderswo Bastionen des Konservativismus blieben. Das verlief alles andere als konfliktfrei, aber zeitigte interessante Resultate. So ist es heute nicht ungewöhnlich, am Ortseingang eines Bauerndorfs auf ein Schild mit der Aufschrift »sexistische, homo- und transphobe Verhaltensweisen werden hier nicht akzeptiert« zu stoßen oder Kinder aus den Flüchtlingslagern der West-Sahara zu treffen, die die Sommermonate bei einer baskischen Gastfamilie verbringen.

Man könnte also sagen, dass die Politik der baskischen Linke die Grenzen zwischen traditionellen Milieus und gegenkultureller Praxis durchlässig gemacht hat. Die antiautoritäre Revolte veränderte die Dorfgemeinschaften und Nachbarschaften, ohne die Sozialstrukturen als solche infrage zu stellen. Während das Jahr 1968 in den meisten Industriestaaten als Generationenkonflikt verhandelt wurde (Jugendliche gegen ihre Eltern, Parteien versus neue soziale Bewegungen, kommunistische bzw. sozialdemokratische Parteien versus

»neue Linke«) und in Deutschland in Anbetracht der NS-Geschichte auch kaum etwas anderes möglich war als ein Bruch mit der Mehrheitsgesellschaft, knüpfte die Rebellion in Euskal Herria an die Identität jener konservativen Bask*innen an, die im Bürgerkrieg besiegt worden waren. Das Selbstverständnis der Unabhängigkeitslinken als gesamtgesellschaftliches Befreiungsprojekt sorgte dafür, dass sich unterschiedliche Milieus aufeinander zubewegten. Der Volksfront-Charakter der Bewegung ermöglichte einen Dialog zwischen Feminismus und kulturellem Traditionalismus, zwischen Arbeiterbewegung und Subkultur. Und das, obwohl der bis weit in die 1990er Jahre von einem traditionellen Marxismus-Leninismus kubanischer Lesart geprägten Linken die neuen Jugendbewegungen durchaus suspekt waren. Bis in die späten 1990er Jahre bekämpfte die Izquierda Abertzale beispielsweise den Konsum illegaler Drogen, die sie ohne weitere Differenzierung als Instrument der staatlichen Aufstandsbekämpfung betrachtete. In etwa dieselbe Zeit fällt auch die Ablehnung der Totalverweigererbewegung (*insumisos*). Als Anfang der 1990er Jahre Tausende baskische Jugendliche Gefängnisstrafen in Kauf nahmen, um sich dem Militärdienst zu entziehen, propagierte die Unabhängigkeitslinke eine Parole der 1970er Jahre: *La mili con los milis* (»Wehrdienst bei ETA-militar«). Doch obwohl soziale Bewegungen und Parteistrukturen auch im Baskenland aneinandergerieten, blieb die Durchlässigkeit zwischen den Milieus so groß, dass die Linke den Impulsen der Gegenkultur nach einiger Zeit nachgab. Selbst die dogmatischsten Teile der Linken erkannten schließlich an, dass Drogenkonsum auch Ausdruck von Lebensfreude sein kann und der Antimilitarismus der Jugendlichen sich nicht nur gegen die spanische Armee, sondern gegen alle Formen des bewaffneten Autoritarismus richtete.

Zentrale Bedeutung besaß in diesem Zusammenhang der *rock radikal vasco*, der in den 1980er und frühen 1990er Jahren die Jugendkultur dominierte. Bands wie Kortatu, Eskorbuto, La Polla Records oder Barricada trugen vermutlich mehr zur Politisierung der Jugendlichen bei als alle politischen Manifeste der revolutionären Jugendorganisationen Jarrai und Segi. Die Subkultur war gelebte Rebellion, gleichzeitig wurden über die Songtexte auch Inhalte vermittelt. Das war bei Clash oder den Dead Kennedys in Europa und den USA sicher nicht anders, doch im Baskenland war die Verschränkung zwischen Jugendkultur und Politik besonders eng. Emblematisch lässt sich das am Song »Sarri Sarri« der Punkband Kortatu nachzeichnen, der noch heute auf Volksfesten und in Kneipen zu hören ist. Ähnlich wie The Clash machte auch Kortatu musikalische Anleihen bei Ska und Reggae, versuchte darüber hinaus aber auch traditionelle baskische Instrumente zu integrieren. Der Text des Songs ist eine Hommage an den Schriftsteller Joseba Sarrionandia und seine Flucht 1985 aus einem spanischen Gefängnis. Der 1958 geborene Sarrionandia, der als einer der wichtigsten baskischen Schriftsteller gilt, hatte sich gegen Ende der Franco-Diktatur der ETA angeschlossen und war 1980 verhaftet worden. 1985 wurde er bei einem Gefängniskonzert befreit – offenbar wurden er und ein Mitgefangener in Lautsprecherboxen aus der Haftanstalt geschafft. Hinter dem Ausbruch steckte der Schriftsteller und Verlagsgründer Mikel Albisu (alias »Mikel Antza«), der unter anderem Songtexte für Kortatu verfasste und nach der Flucht Sarrionandias selbst untertauchen musste. Albisu floh nach Frankreich, lebte dort einige Jahre in einer Art Semi-Legalität und schloss sich schließlich der ETA an. In den 1990er Jahren wurde er zum politischen Verantwortlichen der Organisation und war verantwortlich für die Verhandlungen mit der spanischen Regierung. Nach seiner Verhaftung 2004 saß er zwölf Jahre im Gefängnis und veröffentlichte dort eine Reihe von Romanen. Der Song »Sarri Sarri« war all das gleichzeitig: eine Liebeserklärung an einen jungen baskischen Schriftsteller, eine Hommage an seine Flucht aus dem Gefängnis, aber auch an den Fluchthelfer, der den Ausbruch ermöglicht hatte und danach selbst untergetaucht war.

Nicht immer waren Musik, Literatur und Politik so eng miteinander verquickt, aber das Beispiel vermittelt eine Idee davon, wie sich Interessen und Haltungen vermittelten, denn nicht wenige Menschen im Baskenland dürften auch deshalb die anspruchsvolle Literatur Joseba Sarrionandias gelesen haben, weil sie zuvor den Kortatu-Song schon einmal auf einem Konzert mitgegrölt hatten.

Wie immer bei solchen politisch-kulturellen Übertragungen geriet inhaltlich manches durcheinander. Negu Gorriak, die 1990 gegründete Nachfolgeband von Kortatu, orientierte sich anfangs vor allem am Rap, den sie mit dem Reimgesang des Bertsolaritza zu verbinden suchte. Der Song »Esan Ozenki« (»Sag es laut«), der um Malcolm X, Public Enemy und den Slogan *Fight the power* kreist, mündet in den Refrain »Euskalduna naiz eta harro nago« (»Ich bin Baske und stolz darauf«). Zwar hat der Satz eine Doppelbedeutung, da *euskaldun* auch »baskischsprachig« bedeutet und der Bandleader Fermin Muguruza das Baskische als Erwachsener an einer Sprachschule gelernt hat – was gewiss mehr Anlass zu Stolz bietet als eine angeborene Herkunft –, doch ansonsten war die Anspielung auf das afroamerikanische *I am black and proud* reichlich unpassend. Die Diskriminierung der baskischen Sprache und die politische Verfolgung der Unabhängigkeitsbewegung haben mit Rassismus wenig zu tun. Bask*innen können die Seite wechseln und sich zur spanischen Identität bekennen; Schwarzen in den Armenvierteln der US-Ostküste ist dieser Weg verstellt.

Trotz dieses offenkundigen Unterschieds blieben die Bezüge auf die Schwarze Bewegung in der baskischen Linken populär. Als Batasuna 2003 verboten wurde, startete die Partei eine Kampagne gegen die »politische Apartheid in Spanien«. Das Baskenland ist wohl eine der wenigen Regionen Europas, in der man sich emotional eher aufseiten der Kolonisierten als der Kolonisatoren sieht. Die Orientierung an antikolonialen und antirassistischen Bewegungen wie dem südafrikanischen ANC war immer etwas vermessen, wirkte jedoch wie ein heilsames Antidot gegen den europäischen Wohlstandschauvinimus.

Wie lässt sich die Hegemoniepolitik der Unabhängigkeitslinken resümieren? Entscheidend scheinen mir vier Aspekte:

Erstens ist es der baskischen Linken mit ihrem Ansatz gelungen, die Alltagskultur zu politisieren, sodass nicht nur Parlamente und Talkshows, sondern die eigene Straße und das eigene Dorf als Orte des politischen Konflikts erkannt werden. Widerständiges, solidarisches Verhalten ist im Baskenland viel naheliegender als in anderen Teilen der Europäischen Union.

Zweitens hat der Bezug auf die traditionelle Populärkultur den Dialog unterschiedlicher Milieus ermöglicht. Zwischen dem bäuerlichen Leben und dem Feminismus, zwischen der internationalen Solidarität mit Geflüchteten und dem Alltag des Metallarbeiters gibt es keine Gräben.

Drittens hat die Politisierung des Alltags den Common Sense und damit auch das politische Spektrum verschoben. Das zeigt sich in der Parteienlandschaft – die baskische Christdemokratie regierte 2001 bis 2009 in einer Koalition mit der spanischen Linkspartei Izquierda Unida –, aber noch deutlicher in der Gewerkschaftsbewegung. Die beiden baskischen Gewerkschaften ELA (die 40,8 Prozent der Betriebsräte stellt) und LAB (19 Prozent) stehen deutlich links von den spanischen Organisationen – der sozialdemokratischen UGT und der ehemals kommunistischen CCOO. Bei der Kundgebung zum Ersten Mai 2019 erklärte der neu gewählte Vorsitzende der ELA, der moderateren der beiden baskischen Gewerkschaften: »Mehr Streiks bedeuten nicht nur bessere Arbeitsverträge, sondern sind auch ein Beitrag zu einer besseren – demokratischeren und egalitären – Gesellschaft (…) Veränderungen beginnen auf der Straße«; es geht »um die Verteidigung unserer Leben gegen das Kapital«.

Viertens hat die kulturelle Arbeit aber vor allem eine soziale Funktion. Gastronomievereine, Folklore- und Komparsengruppen, soziale Zentren und die Herrikos (die linke Dorfkneipe) bilden das »soziale Gewebe« (*tejido social*), wie es auf Spanisch heißt, aus dem heraus sich politische Forderungen überhaupt erst entwickeln können. Gerade in Zeiten des Neoliberalismus, in denen die unmittelbare Kommunikation zwischen Menschen ärmer wird, erlangen die

Orte kollektiven Lebens neue Bedeutung. Der baskischen Linken war das immer bewusst – dem Aufbau einer Dorf- und Stadtteilkneipe wurde mehr Bedeutung beigemessen als einem guten Wahlergebnis.

Eine »sozialrevolutionäre« Praxis?

Weniges was für den Marxismus des 20. Jahrhunderts – sowohl in seiner leninistischen als auch in seiner sozialdemokratischen Variante – so charakteristisch wie sein ungebrochenes Verhältnis zur Modernisierung. Sozialer Fortschritt wurde als fast unvermeidliche Konsequenz der technologischen Entwicklung betrachtet, Marx selbst war zwar deutlich weniger Determinist als die Zweite und Dritte Internationale, doch auch er hatte für den »Idiotismus des Landlebens« wenig übrig. Das Niederreißen der traditionellen Schranken galt ihm als historische Mission der Bourgeoisie.

160 Jahre später liegen die Probleme des linken Fortschrittsoptimismus auf der Hand. Der Kolonialismus kostete auch deshalb Millionen Menschen das Leben, weil er traditionelle Sicherungs- und Solidarsysteme zertrümmerte,[22] in den Wohlstandsgesellschaften übernahm die Kulturindustrie jenen Platz, den einst die Land-Idiotie innegehabt hatte, und der Sowjetstaat forcierte eine Entwicklung über alle menschlichen und ökologischen Schranken hinweg. Dies und die Tatsache, dass der antikapitalistische Widerstand im 20. Jahrhundert allzu oft von Bauernbewegungen und In-

22 Mike Davis, Die Geburt der Dritten Welt, Assoziation A, Berlin/Hamburg 2004.

digenen (und nicht von der Industriearbeiterschaft) getragen wurde, hat den Blick auf traditionelle Gemeinschaften spürbar verändert.

Die *Izquierda Abertzale* hat das früher erkannt als andere europäische Linke. Zwar hat sie sich selbst immer als marxistisch betrachtet (was sie vor einem völkischen Nationalismus bewahrte), aber politisch folgte sie eher einer Linie, wie sie die russischen Sozialrevolutionäre propagiert hatten. Die Narodniki (»Volkstümler«), bis 1917 stärkste Strömung der russischen Linken, betrachteten die traditionelle Dorfgemeinschaft als Fundament eines russischen Sozialis-
mus und widersetzten sich dem marxistischen Modernisierungseifer. Ob das im Russland des frühen 20. Jahrhunderts der richtige Ansatz gewesen wäre, sei dahingestellt. Fest steht, dass die Izquierda Abertzale in der Praxis etwas Ähnliches machte. Sie setzte in ihrer Arbeit an den gewachsenen Solidarstrukturen und kulturellen Praktiken der Dörfer und Nachbarschaften an.

Dies war möglich, weil sie sich auf kommunitäre Traditionen beziehen konnte, die aus emanzipatorischer Sicht verteidigenswert erschienen. Zwar war das baskische Sozialleben des 19. Jahrhunderts alles andere als idyllisch: eine klerikal dominierte, abgeschlossene und patriarchale Gesellschaft. Doch gleichzeitig gab es Elemente, an die sich anknüpfen ließ. Der allgemeine Adelstitel (*hidalguía universal*), der den männlichen Bewohnern der Provinzen Bizkaia und Gipuzkoa die Freiheit von Leibeigenschaft garantierte, erschien als eine Vorform republikanischer Gleichheit. Die Durchsetzung von Patriarchat und Katholizismus war spät erfolgt und zeigte Risse. In Teilen des französischen Nordbaskenlands, wurden Höfe »matrilinear«, also über die Töchter, vererbt. Zudem verwiesen die von der Inquisition noch im 17. Jahrhundert bekämpften »Hexenversammlungen« (*akelarre*) auf die Existenz von Naturkulten mit einer starken Stellung der Frauen.

Die Geschichtsnarrationen der Linken arbeiteten diese Aspekte der traditionellen Gemeinschaften vor allem ab den 1970er Jahren heraus. Die angeblich sexuell freizügigen vorchristlichen Feiern wurden als ein Gegenmodell zum katholischen Moralismus, das traditionelle pyrenäische Recht, das

im Unterschied zum römischen nur Nutzungsrechte, aber kein übertragbares Eigentum an Hof und Land kannte, als eine Art Ur-Kollektivismus interpretiert. Bewusst aufgegriffen wurden auch alte Solidartraditionen wie das *Auzolan*, die Nachbarschaftsarbeit zum Anlegen von Wegen oder zur Renovierung von Gemeindehäusern, oder verschiedene Formen gegenseitiger Hilfe: Weil das Heu oft innerhalb weniger Stunden eingebracht werden musste, war es im Dorf beispielsweise üblich, einander bei der Ernte zu helfen; weil Blutwurst schnell verdarb, verschenkte jede Familie einen Teil ihrer frischen Würste an die Nachbar*innen usw.

Derartige Traditionen der Kooperation und Solidarität lassen sich vermutlich in allen vormodernen Gesellschaften finden, doch die baskische Linke griff sie aktiv auf und setzte sie in einen politischen Zusammenhang, was es ihr ermöglichte, die Traditionen auf ihren Gehalt zu überprüfen. *Auzolan* bezeichnet in der baskischen Gesellschaft heute nicht nur eine altmodische und arbeitsintensive Methode, mit der Dörfer ihre Infrastruktur in Schuss halten, sondern alle Formen nicht entlohnter Gemeinschaftsarbeit. Auch die Organisation eines Punkkonzerts im Jugendzentrum oder eines Getränkestands bei den Stadtfesten ist *Auzolan*. Dieses Anknüpfen an kommunitäre Traditionen ist selbstverständlich nicht konfliktfrei. In Hondarribia, einer Ortschaft an der spanisch-französischen Grenze, gibt es beispielsweise seit Jahren heftige, bisweilen handgreifliche Auseinandersetzungen um den sogenannten *Alarde*, einen Schützenumzug, der an den Widerstand der Bevölkerung gegen den französischen König Louis XIII im Jahr 1638 erinnert. Feministische Gruppen haben den Umzug, der über Jahrhunderte den Männern vorbehalten war, nicht einfach als reaktionär abgelehnt, wie es anderswo in Europa wohl der Fall gewesen wäre, sondern um ihre Teilnahme daran gekämpft. Die Frauen eigneten sich die kommunitäre Tradition an und deuteten sie progressiv um.

Dieses Vorgehen ist charakteristisch für die baskische Linke: Sie bezieht sich auf die Gemeinschaft, betrachtet sie gleichzeitig als veränderbar. Dabei unterscheidet sie in der Praxis unablässig zwischen emanzipatorischen (solidarischen, partizipativen, nichtpatriarchalen …) und reaktionären Aspekten des gemeinschaftlichen Lebens. Nicht der Trachtenumzug ist patriarchal, sondern die Tatsache, dass Männer Frauen davon ausschließen; nicht das Volksfest ist miefig, sondern das Fest, das nicht in Besitz genommen und umgestaltet werden kann.

Gramsci und später der Brite Stuart Hall (der Begründer der Cultural Studies) haben die Frage gestellt, wie Linke im Kampf um Hegemonie am Alltagsverstand der Bevölkerung anknüpfen können. Anders als dem Populismus ging es ihnen nicht darum, kulturelle Codes aus taktischen Erwägungen aufzugreifen und Menschen nach dem Mund zu reden, sondern zwischen den rückständigen, die Unterdrückungsverhältnisse bekräftigenden Überzeugungen und progressiven Haltungen (in denen sich Solidarität, Gleichberechtigung, Demokratie oder eine Kritik der bestehenden Verhältnisse manifestieren) zu unterscheiden. Ohne Gramsci oder Hall gelesen zu haben, tat die baskische Linke etwas ganz Ähnliches. Sie hat das traditionelle kulturelle und soziale Leben der Gemeinschaften verteidigt und revitalisiert, es aber gleichzeitig auch transformiert. Durchaus vergleichbar mit der Politik der mexikanischen Zapatistas, die die

»anzestrale Kultur« der indigenen Gemeinschaften, also die von den Ahnen überlieferten Regeln und Gebräuche, beschworen, um dann als erste Maßnahme eine feministische Revolution in ihren Dörfern zu proklamieren und die Geschlechterverhältnisse radikal auf den Kopf zu stellen.

Über »kommunitäre« oder »kommunitaristische« Strategien lässt sich leicht spotten: Der Bezug auf die Gemeinschaft hat immer etwas Selbstreferenzielles und tendiert zur Romantisierung von Geschichte. Doch es gibt auch ein starkes Argument für diesen Ansatz. Ein zentrales Problem der Linken besteht heute darin, dass ihr Diskurs über Solidarität und Partizipation in der Regel völlig abstrakt bleibt. Das Milieu der Arbeiterbewegung, das ja auch eine gelebte soziokulturelle Gemeinschaft repräsentierte, wurde durch den Neoliberalismus, teilweise aber auch schon vorher durch den Sozialbürokratismus der Wohlfahrtsstaaten zerstört. Eine kommunitäre Linke, die die Gemeinschaft in Dorf, Stadtteil oder Betrieb in den Mittelpunkt ihres Projekts stellt, bezieht sich hingegen auf real bestehende Praktiken von Solidarität und Partizipation.

»Kombination der Kampfformen«

Der Aufstieg von Syriza in Griechenland ab 2012 weckte in ganz Europa große Hoffnungen. Die Partei schien zu beweisen, dass eine produktive Verbindung von Protestbewegungen, Solidarprojekten, Wahlbeteiligung und Reformpolitik möglich ist. Die »Koalition der Radikalen Linken« war anfangs nämlich keineswegs ausschließlich auf die Institutionen fokussiert, sondern präsentierte sich als plurales, in Projekten und Institutionen verankertes Bündnis, das dem sozialen Widerstand einen parlamentarischen Ausdruck verleihen wollte.

Der Doppelcharakter von Syriza als Bewegung und politische Partei wurde vor allem in Spanien mit großem Interesse beobachtet, wo die Proteste der Indignados breiten gesellschaftlichen Zuspruch erhalten hatten, aber allmählich wieder an Schwung verloren. Vor diesem Hintergrund entstand zum Jahreswechsel 2013/2014 die Partei Podemos, die sich zunächst ganz explizit als »spanische Syriza« verstand und die gesellschaftliche Mobilisierung in den Staat tragen wollte. Massenproteste, die Beteiligung an Wahlen und die mediale Präsenz linker Politiker*innen sollten als sich ergänzende Elemente verstanden werden. Nicht nur Podemos verteidigte in diesem Sinne »eine Kombination der Kampfformen«. Auch die offenen linken Listen, die 2015 in Barcelona, Zaragoza, Cádiz und Madrid die Rathäuser eroberten, wollten in diese Richtung wirken. Mit der Wahl der Aktivistin Ada Colau zur Bürgermeisterin von Barcelona schien der Widerstand der PAH (Bewegung gegen Zwangsräumungen) unmittelbar in eine Regierungspolitik gegen die Immobilienlobbys zu münden.

Wenige Jahre später fällt die Bilanz dieses Aufbruchs extrem ernüchternd aus. In Griechenland hat sich die alte Erkenntnis bestätigt, dass Linke an die Regierung kommen können, deswegen aber noch lange nicht an der Macht sind. Die Niederlage Syrizas gegenüber den Gläubigerinstitutionen und die Tatsache, dass sich die Tsipras-Regierung am Ende darauf beschränkte, den Anordnungen der Troika Folge zu leisten und die Austeritätspolitik der EU umzusetzen, haben nicht nur das Ansehen der Partei beschädigt, sondern für den Zerfall der sozialen Bewegungen gesorgt. Anstatt außerparlamentarische und institutionelle Kampfformen miteinander zu verschränken, hat der Regierungseintritt Syrizas jene Gegenmacht unterminiert, die die Partei ins Amt getragen hatte.

Auch die spanische Linkspartei Podemos hat sich innerhalb kürzester Zeit in den Fallstricken der institutionellen Politik verfangen. Bei ihren Bemühungen, Stimmen in der politischen Mitte zu gewinnen, konzentrierte sich die Parteiführung auf ihre Medien-Performance und gab sich vorauseilend staatstragend. Mit diesem Fokus fuhr man bei Wahlen zwar zunächst sehr gute Ergebnisse ein, aber verlor schnell die Glaubwürdigkeit als politischer Arm der 15-M-Bewegung. Zu allem Überfluss etablierte die Partei dann auch noch eine extrem autoritäre Organisationsstruktur, die die Vielfalt der innerparteilichen Strömungen nicht im Geringsten abbildete. Der basisdemokratische Impuls der Indignados, der die Legitimationsgrundlage von Podemos gewesen war, verflog innerhalb kürzester Zeit.

Die als Alternative zu Podemos entstandenen »munizipalistischen« Projekte in verschiedenen Großstädten des spanischen Staats zeigen, dass es sich dabei nicht in erster Linie um ein Problem des Führungspersonals handelte. Die linke Stadtregierung in Barcelona rekrutierte sich vor allem aus Bewegungslinken, die zuvor viele Jahre in basisdemokratischen Projekten gearbeitet hatten. Doch auch unter der ehemaligen Hausbesetzerin Ada Colau konnte von einer komplementären Strategie, bei der sich soziale Kämpfe und die Arbeit in den Institutionen gegenseitig verstärkten, keine Rede sein.

Aber warum ist das so? Warum schwächt institutionelle Politik außerparlamentarische Bewegungen so oft? Eine erste Antwort muss wohl lauten, dass Regierungen und soziale Kämpfe entgegengesetzten Logiken folgen. Während die Aufgabe von Regierungen darin besteht, reibungslos zu verwalten, bei Konflikten zu vermitteln und einen bürgerschaftlichen Konsens zu stärken, müssen soziale Kämpfe und die politische Linke tendenziell das Gegenteil tun. Ihre Kraft beruht auf der Fähigkeit, Konflikte zu provozieren und Gegenpositionen sichtbar zu machen. Natürlich müssen auch Bewegungen so etwas wie einen Konsens formulieren – auch eine erfolgreiche widerständige Position beruht darauf, dass sich möglichst viele Menschen auf sie verständigen können. Doch erst über Konflikte, die den herrschenden Konsens aufbrechen, kann eine gegenhegemoniale Position entstehen. Der Fokus auf eine reibungslose Verwaltung hingegen entpolitisiert, und das ist der Tod für eine Linke, die über keine anderen Machtressourcen als den Bewusstseinsprozess der Menschen verfügt.

Dazu kommt zweitens, dass die institutionelle Arbeit oft zur Schwächung von Kämpfen führt, weil gerade die wichtigsten Aktivist*innen in die Institutionen wechseln. Diejenigen, die zuvor Aktionen organisiert haben, repräsentieren jetzt. Das hat sich vor allem in Barcelona katastrophal ausgewirkt, wo ein großer Teil der Akivist*innen der PAH in die Stadtregierung wechselte und die Basisarbeit aufgab.

Es scheint also, als befände sich die Linke in einem unauflösbaren Dilemma. Außerparlamentarische Bewegungen zelebrieren allzu oft nur eine radikale Pose, die Identität verleiht, aber wenig Wirkung entfaltet. Die institutionelle Linke hingegen passt sich in der Hoffnung, dadurch Wählerstim-

men zu gewinnen, an die bestehenden Strukturen und hegemonialen Erzählungen an. Keiner der beiden Ansätze – weder der symbolische Widerstand noch das »gute« Regieren – ist eine Machtoption, mit der sich die Gesellschaft verändern ließe. Zwar sind Parteien wie die Grünen, Syriza oder Podemos allesamt mit dem Versprechen angetreten, institutionelle und Bewegungspolitik miteinander zu verbinden – das Motto von Podemos lautete gar »ein Fuß im Parlament, viele auf der Straße«. Doch in der Praxis verhindern solche Absichtserklärungen nicht, dass sich die PR-und Verwaltungslogik der Wahlparteien durchsetzt.

Interessant an der baskischen Linken ist nun, dass sie, obwohl seit vierzig Jahren in den Institutionen aktiv, mit diesem Problem erstaunlich erfolgreich umgegangen ist. Parlamentarismus und Regierungslogik haben bei ihr – zumindest bislang – nicht die Überhand gewonnen, die Bedeutung der Basisarbeit vor Ort ist nach wie vor groß, der politische Anpassungsprozess ist minimal. So war in vier Jahrzehnten beispielsweise kein*e einzige*r Bürgermeister*in der baskischen Linken in einen Korruptionsfall verwickelt.

Das hat mit der verfolgten politischen Strategie zu tun: Die *Izquierda Abertzale* hat drei Positionen miteinander verbunden: Sie war innerhalb, außerhalb und gegen die Institutionen aktiv. Nach der Einführung der Demokratie 1978 hat sie an ihrer radikalen Opposition gegen den spanischen Staat festgehalten und auf den Aufbau von Organisationen und Bewegungen jenseits der Parteipolitik gesetzt, gleichzeitig aber nicht auf den Kampf um die Institutionen verzichtet. Dabei wurde immer wieder neu entschieden, an welchen Wahlen man sich beteiligen wollte und an welchen besser nicht. Die Kommunalwahlen waren unumstritten, weil sie als Möglichkeit betrachtet wurden, eine Selbstregierung der Gemeinden aufzubauen. Über die Beteiligung am Autonomieparlament in den 1970er Jahren wurde kurz, aber heftig debattiert, weil man die Abtrennung Navarras von der baskischen Autonomiegemeinschaft für inakzeptabel hielt. Zu den spanischen Wahlen trat man viele Jahre lang zwar an, aber nahm die Mandate nicht wahr.

Der entscheidende Faktor, warum die institutionelle Politik die sozialen Bewegungen eher gestärkt als geschwächt hat, bestand darin, dass sie in Opposition zu den Verhältnissen blieb. Nicht Parlamentsfraktionen und Regierungsarbeit, sondern lokale Selbstorganisierung, Bewegungen, Massenorganisationen und Gewerkschaften wurden als eigentlicher Motor der Veränderung verstanden. Die Wahlergebnisse von Batasuna hingegen galten nicht als Schlüssel, sondern als Gradmesser des gesellschaftlichen Prozesses.

Das erklärt aber noch nicht, warum die Angebote und Mechanismen des parlamentarischen Systems so wenig Wirkung auf die Mandatsträger*innen entfalteten. Dafür gibt es aus meiner Sicht zwei Ursachen: Erstens war und ist das Verhältnis der baskischen Linken gegenüber den Institutionen schon allein deswegen distanziert, weil die Repressionserfahrungen auch die Abgeordneten täglich daran erinnern, wofür der spanische Staat neben großzügigen Diäten eigentlich steht. Fast alle Mandatsträger*innen haben Freund*innen oder Angehörige im Gefängnis oder saßen selbst viele Jahre im Knast. Dazu kommt, dass die bürgerlichen Medien die linken Politiker*innen nicht mit Home-Storys und Aufmerksamkeit bedenken. Das setzt einen zentralen Mechanismus des repräsentativen Systems außer Kraft: Für Menschen mit Geltungsbedürfnis und/oder Karrierebewusstsein, für die Berufspolitik normalerweise ein attraktives Betätigungsfeld darstellt, ist die baskische Linke wenig interessant.

Zweitens war und ist die *Izquierda Abertzale* von einer starken Kollektivkultur geprägt. Bis in die 2000er agierten Führungspersonen eher im Hintergrund; einen Personenkult wie in der kurdischen oder in vielen lateinamerikanischen Linken gab es im Baskenland nie. Gremien werden regelmäßig ausgetauscht, parlamentarische Fraktionen bleiben immer den Parteigremien untergeordnet, und wichtiger als die repräsentative Figur des Bürgermeisters ist das dahinterstehende Team. Dabei sind es weniger feste Regeln als eine über fünfzig Jahre entstandene politische Kultur, die als Korrektiv gegenüber prominenten Einzelpersonen wirkt.

Man könnte also zusammenfassend behaupten, dass der *Izquierda Abertzale* gelang, woran die meisten Linksparteien scheitern. Sie hat unterschiedliche Formen von Politik und Organisierung so miteinander verbunden, dass sie sich tendenziell gegenseitig verstärken. Bewegung und Partei, außerparlamentarischer Widerstand und die Beteiligung an Regionalregierungen wurden nicht als antagonistischer Widerspruch betrachtet. Die baskische Linke hat die Gestaltungsspielräume in den Institutionen genutzt, gleichzeitig aber deren Überwindung propagiert. In diesem Sinne hat sie Gegenmacht *außerhalb von, in, mit* und *gegen* die Institutionen aufzubauen versucht. In den 1970er Jahren trat sie mit dem Motto *alkaterik onena – herria* (»Der beste Bürgermeister ist das Volk«) zu den Kommunalwahlen an und richtete, als noch niemand über die partizipativen Haushalte von Porto Alegre (Brasilien) sprach, in den von ihr regierten Gemeinden Bürgerversammlungen ein. Und mit *Udalbiltza* erfand sie in den 1990er Jahren einen Rat der Kommunen, mit dem über die Staatsgrenzen hinwegreichende demokratische Strukturen geschaffen wurden.

Ob sie im Rahmen der politischen Normalisierung des Baskenlands an dieser institutionenkritischen und widerständigen Haltung weiterhin festhält, wird sich in den kommenden Jahren zeigen. Fest steht, dass gute Vorsätze und bewegungsfreundliche Slogans nicht ausreichen werden, um Anpassungsprozesse zu verhindern. Wer diese Entwicklung vermeiden will, die mit der »Eroberung der Macht« gerechtfertigt wird, tatsächlich aber jede transformatorische Macht unterminiert, benötigt ein Gravitationszentrum außerhalb der Institutionen. Im Baskenland waren das über Jahrzehnte die widerständigen Solidaritätspraktiken und Organisationen. Sie waren die »Gegenmacht« – und nicht die parlamentarischen Fraktionen und ihre Mandatsträger*innen. Die baskische Linke hat ihre wichtigste Aufgabe darin gesehen, das soziopolitische Geflecht aus Sprachschulen, Frauenversammlungen, sozialen Zentren, Kneipen, Jugendorganisationen, Komparsengruppen, Gewerkschaftszellen zu stärken und zusammenzuhalten. Dabei verfiel sie bisweilen in eine autoritäre Avantgarderolle und behandelte soziale Bewegungen wie Vorfeldorganisationen. Trotzdem muss man anerkennen, dass sie die Rolle einer »verbindenden Partei« gespielt hat, wie sie in der deutschen Debatte häufig propagiert, aber selten umgesetzt wird.

Commons, Genossenschaften, ökonomische Alternativen

Seit dem Scheitern des Staatssozialismus wird in der internationalen Linken verstärkt über Formen des Gemeineigentums debattiert, bei denen der Staat nicht im Mittelpunkt steht. Das sind vor allem Genossenschaften und *Commons* (Almendegüter). Auch hier lohnt ein Blick ins Baskenland. Traditionelle Almende (Weiden, Wälder, Wasser) sind nach wie vor weit verbreitet, das *Auzolan*, die freiwillige Nachbarschaftsarbeit, gehört zum Alltag vieler Menschen. Die Bedeutung dieser traditionellen Formen der Kooperation besteht darin, dass hier egalitäre sozioökonomische Beziehungen jenseits von Tauschwert und individuellem Eigentum gepflegt und dem Markt Grenzen gesetzt werden.

Zu einem vergleichbaren Schluss könnte man auch in Bezug auf die baskische Genossenschaftsbewegung kommen, auf die kritische Ökonom*innen weltweit verweisen, die von der baskischen Linken selbst aber differenziert oder sogar skeptisch gesehen wird. Das aus über hundert Einzelunternehmen bestehende Genossenschaftskonsortium Mondragón Corporación Cooperativa (MCC) zählt mit

75.000 Genossenschafter*innen und zwölf Milliarden Euro Umsatz jährlich zu den wichtigsten Unternehmen im spanischen Staat. Im Unterschied zu den meisten anderen Kooperativen weltweit ist MCC nicht auf den Konsum-, Wohnungsbau- oder Finanzsektor beschränkt, sondern stützt sich vor allem auf Industrieproduktion. Die Firmen des Konsortiums sind als Zulieferer in der Automobilindustrie, im Maschinenbau und im Bausektor sowie in der Produktion von Haushaltsgeräten tätig. Weiterhin gehören mit Laboral Kutxa und Lagun Aro eine Sparkasse und ein Versicherungsunternehmen sowie mit Eroski eine der führenden Supermarktketten im spanischen Staat zur Genossenschaftsholding.

Das Fundament des Kooperativennetzwerks wurde 1943, also kurz nach Errichtung der Diktatur, gelegt. Dem Gründer, dem damals 28-jährigen Priester José María Arizmendiarrieta, ging es zunächst darum, die Berufsausbildung von Arbeiter*innen zu erleichtern. Aus der ebenfalls entstandenen Fachhochschule ging schon kurze Zeit später die Kreditgenossenschaft Caja Laboral hervor, die in der Folge die Gründung von Kooperativen, auch im Produktionsbereich, erleichterte. In den Krisen der 1970er und 1980er Jahre erwies sich das Modell von MCC als widerstandsfähiger als privatkapitalistische Betriebe. Die Unternehmen des Genossenschaftsnetzwerks halfen sich gegenseitig aus, Arbeitszeiten und Löhne wurden solidarisch reduziert, und es gab kaum Entlassungen, was eine schnelle Steigerung der Produktion nach dem Ende der Krisen erlaubte. Während ein großer Teil der spanischen Industrien im Zusammenhang mit der *Reconversión* abgewickelt wurde, gelang dem Kollektivunternehmen MCC eine erfolgreiche Spezialisierung. Dabei zeigte sich allerdings auch, dass Genossenschaften die Selbstausbeutung erleichtern und sich bestens in den kapitalistischen Rahmen einfügen können.

Trotzdem spielen die Kooperativen von Arrasate eine politisch interessante Rolle. Sie prägen den Südwesten der Provinz Gipuzkoa und sind ein entscheidender Wirtschaftsmotor des Baskenlandes. Das Einkommensniveau liegt hier deutlich höher als anderswo, das Entlohnungsmodell von MCC (Spitzenkräfte dürfen höchstens viermal so viel verdienen wie ein einfacher Arbeiter) sorgt für relativ große soziale Gleichheit in den Gemeinden. Dass die Genossenschaften nach wie vor an einem anspruchsvollen ethischen Kodex festhalten, hat viel mit dem Einfluss der Unabhängigkeitslinken zu tun, umgekehrt stärkt die Kultur der Kooperativen die Linke. Zwar haben der hohe Lebensstandard und die Unternehmerlogik der Genossenschafter zu einer gewissen »Verbürgerlichung« geführt, gleichzeitig gibt es aber ein starkes Sozial- und Solidaritätsbewusstsein. Das schlägt sich auch in den Wahlergebnissen nieder. In Mondragón kam EH Bildu bei den Kommunalwahlen 2019 auf 36 Prozent, im benachbarten Onati auf 53 Prozent und in Bergara auf 48 Prozent. Dabei wird aus den Reihen der *Izquierda Abertzale* Kritik an MCC geäußert. Die Gewerkschaft LAB verweist auf verdeckte Klassenverhältnisse im Unternehmen sowie auf die internationale Strategie des Konzerns. Tatsächlich unterhält MCC 140 Fertigungsstätten in Niedriglohnländern (u. a. in China, Mexiko und Brasilien), ein Teil der Arbeiter*innen ist nicht Genossenschafter*in, sondern lohnabhängig beschäftigt, und bei der Pleite der Haushaltsgeräteabteilung von Fagor 2013 zeigte sich, dass selbst bei MCC das Management Tausende Arbeiter*innen entlassen kann. Fast 6.000 Arbeitsplätze gingen bei dem Konkurs verloren, nur ein Teil der Genossenschafter*innen konnte von anderen MCC-Unternehmen übernommen werden. Mehrere Hundert Genossenschafter*innen verklagten die Kooperative deshalb wegen des Konkurses.

Aber selbst wenn die Genossenschaften kein Modell zur Überwindung des Kapitalismus darstellen, sind sie doch ein Instrument zur Begrenzung der Konkurrenz- und Tauschwertlogik. MCC besitzt nach wie vor beachtliche ethische und transformatorische Ansprüche, die die Genossenschaft von einem privatkapitalistischen Konzern unterscheiden. Abgesehen von der Deckelung der Spitzengehälter schreibt der Unternehmenskodex der Kooperative vor, einen Beitrag zur solidarischen Transformation der Gesellschaft zu leisten und verpflichtet die Einzelunternehmen, mit Zahlungen in einen Sozial- und Bildungsfonds zur internationalen Verbreitung der Genossenschaftsidee beizutragen. Interessant in diesem Zusammenhang ist, dass die Umwandlung des chinesischen Tochterunternehmens in eine Genossenschaft nicht an MCC, sondern an der Politik der KP Chinas scheiterte. Kooperativen sind in dem »sozialistischen« Land nur in der Landwirtschaft vorgesehen.

Die wichtigste Errungenschaft von MCC ist sicherlich die Etablierung eines wirtschaftsdemokratischen Prinzips: Zwar liegen die Alltagsentscheidungen in den Händen des Managements, das sich auf dem Weltmarkt behaupten muss und dementsprechend ähnlich agiert wie jede andere kapitalistische Unternehmensführung auch, doch bei der jährlichen Genossenschafterversammlung manifestiert sich die Macht der Arbeitenden. Jede*r Genossenschafter*in hat dieselbe Stimme und kann dementsprechend die Einhaltung politischer und ethischer Prinzipien einfordern, um die Management- und Profitlogik zurückzudrängen. Hinzu kommt, dass in den Werkshallen Selbstverwaltung herrscht und die Belegschaften regelmäßig zu Vollversammlungen zusammenkommen, um über die Arbeitsorganisation zu diskutieren. Das Problem ist hier eher, dass die Bereitschaft zur Partizipation gerade bei jüngeren Genossenschafter*innen stark abnimmt.

Ähnlich wie Gewerkschaften besitzen auch Genossenschaften einen Doppelcharakter: Sie sind ein Mechanismus zur Einbindung in das System, aber gleichzeitig Ausdruck demokratischer Ermächtigung. Die Mondragón-Kooperative wurde gegründet, um Lebensverhältnisse zu verbessern und soziale Konflikte abzubauen – eine klassische Befriedungsstrategie. Zugleich sorgte das politisierte Klima im Baskenland dafür, dass der Genossenschaftsverband – anders als beispielsweise deutsche Wohnungsbaugenossenschaften – bis heute an politischen Werten festhält. Bei MCC gilt nach wie vor die Maxime, dass das Kapital der Arbeit untergeordnet ist, Beschäftigte nach einiger Zeit Genossenschafter*innen mit vollen demokratischen Rechten werden müssen und der Konzern zur egalitären Transformation der Gesellschaft verpflichtet ist – über nationale Grenzen hinweg. So heißt es im Unternehmenskodex:

> »Der Wille zur solidarischen sozialen Transformation gemeinsam mit anderer Völkern. Dies geschieht durch eine Expansion (des Genossenschaftsprinzips, Anm. d. V.),

die zum ökonomischen und sozialen Aufbau beiträgt, sowie durch die Errichtung einer freieren, gerechteren und solidarischeren baskischen Gesellschaft.«[23]

Die Suche nach alternativen ökonomischen Strukturen im Baskenland kommt außerdem in der Gewerkschaftsbewegung zum Ausdruck, die seit einigen Jahren gemeinsam mit sozialen Bewegungen eine Debatte über postkapitalistische Perspektiven voranzutreiben versucht. So gab es 2017 die Kampagne *Alternatiben Herria* (»Land der Alternativen«), die von ELA, LAB, den kleineren Gewerkschaften ESK und Steilas und dem Bauernverband EHNE organisiert wurde und bemüht war, Genossenschaften, Lokalökonomie, Kollektivprojekte und Gewerkschaften miteinander ins Gespräch zu bringen. Bei der Vorstellung der Kampagne sagte der Vorsitzende der – wie erwähnt moderateren – Gewerkschaft ELA:

> »Es gibt nichts Subversiveres als solche Initiativen. Von den Unternehmern, den Regierungen und dem Kapital haben wir nichts zu erwarten. Wir sind deshalb gezwungen, uns selbst in Bewegung zu setzen und Vorschläge zu entwickeln. Und wenn du eine Initiative wie diese startest, machst du Folgendes klar: Ja, es gibt Alternativen und wir treiben sie voran. Wir müssen dem, was wir machen, mehr Bedeutung beimessen.«

23 Mondragon Corporation, »Nuestros principios«, unter: http://www.mondragon-corporation.com/experiencia-cooperativa/nuestros-principios/.

Fazit

Es gibt noch weitere Eigenschaften der baskischen Linken, die man in diesem Zusammenhang diskutieren könnte. Bemerkenswert ist beispielsweise der Umstand, dass die *Izquierda Abertzale* aufgrund ihrer lokalen Verankerung sehr viel weniger akademisiert ist als die meisten europäischen Linksparteien (gerade auch Podemos). Im Baskenland ist es nicht ungewöhnlich, dass ein Kader der Linken als Fabrikarbeiter im Schichtbetrieb arbeitet oder eine Hirtin Bürgermeisterin wird. Das liegt offenbar daran, dass die parlamentarische Arbeit bis 2011 nur eine untergeordnete Rolle in der Linken spielte. In den Fraktionen der Autonomieparlamente sind die Akademiker*innen nämlich auch in der baskischen Linken überrepräsentiert.

Interessant ist darüber hinaus, wie sehr die Unabhängigkeitslinke als Solidargemeinschaft funktioniert. Um die politischen Gefangenen und ihre Angehörigen herum ist ein dichtes Netzwerk an Initiativen entstanden. Exemplarisch dafür steht das *Mirentxin*-Kollektiv, das über mehrere spendenfinanzierte Kleinbusse verfügt. Freiwillige fahren damit jedes Wochenende Angehörige von politischen Gefangenen zu ihren Besuchen. Dieser starke soziale Zusammenhalt hat zweifelsohne einen problematischen Aspekt – die Solidarität hat eine Außengrenze, sie bezieht sich vor allem auf die Mitglieder der eigenen Widerstandsgemeinschaft. Auf der anderen Seite hat er aber auch einen sehr positiven Effekt. Die baskische Linke vertritt nicht einfach abstrakte politische Ziele, sondern setzt sie in eine erlebbare solidarische Alltagspraxis um. Die Sorge umeinander ist Teil der politischen Kultur und wirkt wie eine konkrete Utopie: In der

Bewegung setzen sich andere soziale Beziehungen durch. Das erklärt, warum die Linke trotz aller Medienkampagnen in jenem Teil der Bevölkerung, der direkt mit ihr zu tun hat, große Glaubwürdigkeit besitzt und bei Kommunalwahlen stärker abschneidet als bei landesweiten Wahlen.

Erwähnenswert ist schließlich auch die internationalistische Tradition der baskischen Linken. In Spanien werden die nationalen Konflikte im Staat zwar häufig als Auseinandersetzungen zwischen einem progressiven Kosmopolitismus (»der Intellektuellen«) und einem ethnizistischen Nationalismus (der Unabhängigkeitsbewegungen) dargestellt, doch die Realität ist deutlich komplexer. Es stimmt zwar, dass sich die baskische Linke gegenüber der spanischen Mehrheitsgesellschaft scharf abgrenzt, aber sie hat gleichzeitig den internationalen Austausch gesucht. In der lateinamerikanischen Linken ebenso wie in den Flüchtlingslagern der Westsahara waren baskische Internationalist*innen über viele Jahrzehnte so präsent wie keine andere europäische Gruppe. Das hatte auch mit dem bewaffneten Konflikt zu tun. Nach 1980 lebten etwa 2.000 Bask*innen als politische Flüchtlinge oder Deportierte in Ländern Lateinamerikas und Afrikas. Im Rahmen einer offiziellen Kooperation mit der spanischen Regierung nahmen Kuba, Panama, Ecuador, die Dominikanische Republik, Venezuela, die Kapverden, Gabun, Algerien, Sao Tomé und Togo sogar offiziell mutmaßliche ETA-Mitglieder als Deportierte auf.[24] Frankreich war dadurch

24 Der Dokumentarfilm *Los Deportados* von Lupe Alonso (2013) vermittelt einen Eindruck dieser politischen Praxis. Drei baskische Deportierte, die in den 1980er Jahren unangekündigt von

nicht gezwungen, Bask*innen direkt an Spanien auszuliefern, sorgte aber dafür, dass sich die Exilierten nicht länger am politischen Kampf beteiligen konnten. Die Erfahrung von Deportation, Abschiebung, Flucht und Vertreibung, die das Trauma der Bürgerkriegsjahre neu aufleben ließ, hat die Unabhängigkeitsbewegung für die Themen Flucht und Migration ausgesprochen sensibilisiert. Die Verteidigung offener Grenzen und die Solidarität mit den Geflüchteten gehört heute zu den Grundüberzeugungen der Unabhängigkeitsbewegung.

112 Es gibt also eine Reihe von Gründen, warum es sich lohnen würde, die Erfahrungen und die politische Praxis der baskischen Linken genauer zu untersuchen. In den vergangenen dreißig Jahren hat es wenig Interesse am Baskenland gegeben. Die Anschläge der ETA, der Anti-Terror-Diskurs der europäischen Medien und eine verkürzte Nationalismuskritik haben den Blick auf den Konflikt und die sozialen Kämpfe im Baskenland verstellt. Das ist einerseits verständlich, andererseits aber auch tragisch, denn jene autoritäre Entwicklung, die deutsche und österreichische Linke heute mit Entsetzen in der EU konstatieren, wurde im spanisch-baskischen Konflikt bereits seit den 1980er Jahren durchexerziert: Von Zeitungs- und Parteiverboten über konzertierte Medienkampagnen bis zum Aufbau von Todesschwadronen und systematischer Folter hat es in der EU alles gegeben. Dass sich hiergegen kein Protest mobilisierte, zeigt, wie reibungslos die Instrumente des Ausnahmezustands auch in li-

Frankreich nach Kuba geschafft wurden, erzählen in dem Film ihre Geschichte. Online unter: https://vimeo.com/68348295.

beralen Demokratien implementiert werden können. Auch aus diesem Grund wäre es wichtig, Geschichte und Politik der baskischen Linken zumindest im Rückblick zur Kenntnis zu nehmen.

Glossar

Acción Nacionalista Vasca: 1930 gegründete linke Unabhängigkeitspartei; ab 1978 Teil von Herri Batasuna, seit 2008 verboten.

Alternatiba: Marxistisch-feministische Abspaltung der baskischen Sektion von Izquierda Unida; tritt aktiv für das baskische Selbstbestimmungsrecht ein; seit 2011 Teil der Koalition EH Bildu.

Aralar: 2001 von Batasuna abgespalten; seit 2012 Teil der Linkskoalition EH Bildu; 2017 aufgelöst.

Askatasuna: Komitee zur Unterstützung der politischen Gefangenen; 2002 von Spanien verboten.

Askapena: Internationalismusgruppen der baskischen Linken; 2010 kriminalisiert.

ATA (Amnistiaren Aldeko eta Errepresioaren Aurkako Mugimendua): »Bewegung für Amnestie und gegen Repression«; Abspaltung der baskischen Linken, die mit der neuen Strategie ab 2012 nicht einverstanden ist.

Batasuna: 2001 gegründete und 2003 wegen ihrer politischen Nähe zur ETA verbotene spanisch-französische Linkspartei; blieb in der Illegalität mit mehreren Tausend Sympathisant*innen aktiv; Nachfolgeorganisation ist Sortu.

Bilgune Feminista: Feministische Koordinaton der baskischen Linken.

CAV (Comunidad Autónoma Vasca): Baskische Autonomiegemeinschaft mit Gipuzkoa, Araba und Bizkaia (ohne Iparralde und Nafarroa).

CCOO (Comisiones Obreras): Früher kommunistische, heute sozialdemokratische spanische Gewerkschaft.

Ciudadanos: 2006 in Katalonien gegründete wirtschaftsliberale Partei; hat sich vor allem die Verteidigung der Einheit Spaniens auf die Fahnen geschrieben.

Comunidad Foral de Navarra – Nafarroako Foru Komunitatea: Autonomiegemeinschaft Navarra.

CNT (Confederación Nacional del Trabajo): 1910 gegründete anarchosyndikalistische Gewerkschaft; spielte eine entscheidende Rolle im Widerstand gegen Franco während des Bürgerkriegs.

CGT (Confederación General del Trabajo): 1979 gegründete, »gemäßigt« anarchosyndikalistische Gewerkschaft.

EA (Eusko Alkartasuna): Sozialdemokratische Unabhängigkeitspartei; spaltete sich 1986 von der PNV ab und kam zunächst auf bis zu 15 Prozent; verlor um die Jahrtausendwende aber massiv an Bedeutung; heute Teil der Linkskoalition EH Bildu.

EGIZAN: Frauenorganisation der baskischen Linken; gehörte zu KAS.

EHAK (Euskal Herrialdeetako Alderdi Komunista): »Kommunistische Partei der baskischen Länder«; Kandidatur der baskischen Linken nach mehreren Parteiverboten; erzielte wenige Wochen nach ihrer Gründung

12,4 Prozent bei den Autonomiewahlen; 2008 verboten.

EHGAM: Linke Koordination von Schwulen und Lesben.

EHNE: Baskischer Bauernverband; gehört zum Netzwerk *Via Campesina*.

Ernai: Linke Jugendorganisation.

Eguzki: »Sonne«, Ökologiekomitees der baskischen Linken.

EKIN: Klandestine politische Führungsstruktur innerhalb der baskischen Linken; wurde 2007 durch einen Massenprozess mit über 50 Angeklagten zerschlagen.

ELA – STV (Euskal Langileen Alkartasuna/Solidaridad de Trabajadores Vascos): Ursprünglich aus dem Katholizismus hervorgegangen; heute stärkste baskische Gewerkschaft.

EH Bildu: Linkskoalition der Parteien Sortu, Eusko Alkartasuna, Alternatiba und Aralar; kam 2012 nach dem Ende der ETA bei den Autonomiewahlen auf 25 Prozent in der CAV, in Navarra auf 14,3 Prozent.

Elkarrekin Podemos: Podemos-Sektion in der CAV; kam bei den Autonomiewahlen 2016 auf 14,8 Prozent.

ETA: 1959 gegründete baskische Untergrundorganisation; erklärte 2011 den Gewaltverzicht; seit 2018 aufgelöst.

ETA militar: ETA-Flügel, der am Ende der Diktatur für eine organisatorische Trennung von politischem und militärischem Kampf eintrat.

ETA político-militar: ETA-Flügel, der sich als bewaffnete politische Partei betrachtete; löste sich 1982 nach Verhandlungen mit der PSOE auf.

Etxerat: »Nach Hause«; Organisation der Angehörigen der politischen Gefangenen.

Euskadiko Ezkerra: »Linke des Baskenlands«; ETA político-militar nahestehende Koalition; spaltete sich um 1990 und ging in den beiden sozialdemokratischen Parteien EA und PSOE auf.

Ezker Anitza: »Plurale Linke«, baskische Sektion von Izquierda Unida; seit 2016 Teil der Koalition Elkarrekin Podemos.

Ezker Batua: »Vereinigte Linke«; baskische Sektion von Izquierda Unida; 2012 aufgelöst.

Gazte Koordinadora Sozialista: »Sozialistische Jugendkoordination«; 2019 gegründete Abspaltung der baskischen Linken, die den »kleinbürgerlichen« und reformistischen Kurs von EH Bildu ablehnt.

Geroa Bai: Sozialliberale Partei in Navarra; steht der PNV nahe und stellte 2015 bis 2019 mit Uxue Barkos die Ministerpräsidentin der Autonomiegemeinschaft; regiert seit 2019 in einer Koalition mit der PSOE in Navarra.

Gestoras pro Amnestia: Komitees zur Unterstützung der baskischen Gefangenen; seit 2001 verboten.

HASI (Herriko Alderdi Sozialista Iraultzailea): »Revolutionär-sozialistische Volkspartei« beziehungsweise »Anfangen«; Gründungspartei von HB 1978; wurde 1992 nach einem Machtkampf zwischen HASI und ETA aufgelöst.

Hegoalde: Südbaskenland (gehört zu Spanien).

Herri Batasuna (Unidad Popular): »Volkseinheit«; 1978 gegründetes linkssozialistisches Wahlbündnis; 1997 lässt Richter Baltasar Garzón die 23 Vorstandsmitglieder der Partei verhaften, um sie wegen »Unterstützung einer terroristischen Organisation« anzuklagen.

Iparralde: Nordbaskenland (gehört zu Frankreich).

Izquierda Unida: »Vereinigte Linke«; spanische Linkspartei; bildete zuletzt mit Podemos das Wahlbündnis Unidas Podemos.

Jarrai: »Weitermachen«; revolutionäre Jugendorganisation; 2001 verboten.

KAS (Koordinadora Abertzale Sozialista): »Patriotisch-Sozialistische Koalition«; Linksbündnis der radikalen Linken nach 1976; danach Zusammenschluss der ETA-nahen Organisation ASK, LAB, Egizan, EKIN und Jarrai; 2001 verboten.

LAB (Langile Abertzaleen Batasuna): Linkssozialistische baskische Gewerkschaft.

LAIA (Langile Abertzale Iraultzaileen Alderdia): »Partei der revolutionären patriotischen Arbeiter« (1974–1984); ein autonomer Flügel beteiligte sich am Aufbau der bewaffneten »Autonomen Antikapitalistischen Kommandos«, der marxistische Flügel gehörte zu den Gründungsorganisationen von Herri Batasuna.

Navarra Suma: Bündnis der prospanischen Rechtsparteien UPN, Ciudadanos und PP; kam 2019 bei den Autonomiewahlen in Navarra auf 36,6 Prozent.

PAH: »Plataforma de Afectados por la Hipoteca«. Bewegung gegen Zwangsräumungen.

PNV-EAJ (Partido Nacionalista Vasco-Eusko Alderdi Jeltzalea): Baskisch-Nationalistische Partei (christdemokratisch); stellt seit 1979 fast ununterbrochen den Ministerpräsidenten; kam 2016 bei den Wahlen in der baskischen Autonomiegemeinschaft auf 37,4 Prozent.

PP (Partido Popular): Postfranquistische spanische Rechtskonservative; kam 2016 bei den Wahlen in der baskischen Autonomiegemeinschaft auf 10,1 Prozent.

PSE (Partido Socialista de Euskadi): Sozialistische Partei des Baskenlands; Sektion der spanischen Sozialdemokratie; kam 2016 bei den Wahlen in der baskischen Autonomiegemeinschaft auf 11,9 Prozent.

PSN (Partido Socialista de Navarra): 1982 gegründete Sektion der spanischen Sozialdemokratie in Navarra; gehörte zuvor zur baskischen Sektion; kam 2019 auf 20 Prozent und stellt seitdem die Ministerpräsidentin in der Comunidad Foral.

Podemos: 2014 gegründete spanische Linkspartei.

Segi: »Weitermachen«; revolutionäre Jugendorganisation; 2002 verboten.

Sortu: Linkssozialistische Nachfolgeorganisation von Batasuna; seit 2012 wichtigste Partei in der Koalition EH Bildu.

UGT (Unión General de Trabajadores): Sozialdemokratische spanische Gewerkschaft.

UPN (Unión del Pueblo Navarro): Prospanische Konservative in Navarra; seit 2015 in der Opposition; kandidierte zuletzt gemeinsam mit PP und Ciudadanos als »Navarra Suma«.

Zeittafel

Erstes Jahrhundert: Der Sprachraum des Baskischen erstreckt sich bis Bordeaux und Huesca.

Mittelalter: Königreich Navarra als politische Einheit, in dem überwiegend Baskisch gesprochen wird.

1512: Gewaltsame Eingliederung Navarras in Kastilien.

1833–1840 und **1872–1876**: »Karlistenkriege«; Erbfolgestreit, bei dem auch die Autonomie der baskischsprachigen Regionen eine wichtige Rolle spielt; in der Folge schrittweise Abschaffung der *Fueros* (historische Sonderrechte) durch die siegreichen Bourbonen.

Spätes 19. Jahrhundert: Industrialisierung mit Schwerpunkt um Bilbao. »Modernisierungsschock« und Zurückdrängung der baskischen Kultur.

1895: Gründung der PNV als konservative, modernisierungsfeindliche und ethnizistische Partei; verwandelt sich im Verlauf des 20. Jahrhunderts in eine christdemokratische Regionalpartei.

1936–1937: Bürgerkrieg; baskische Nationalisten kämpfen mit spanischen und baskischen Linken, der navarrische Karlismus aufseiten Francos; für ein Jahr besteht ein weitgehend unabhängiger baskischer Staat.

1940: Die baskische Exilregierung flieht von Paris nach New York.

1959: PNV-nahe Jugendliche gründen aus Protest gegen die Passivität der PNV-Führung die ETA als antifranquistische Widerstandsorganisation.

1960–1965: ETA rückt unter dem Einfluss antikolonialer Befreiungsbewegungen (vor allem Kuba und Algerien) nach links.

1967: ETA definiert sich als »revolutionär-sozialistische Organisation zur nationalen Befreiung«; anti-ethnizistischer Nationenbegriff (»baskisches Arbeitervolk«: wer im Baskenland lebt und arbeitet).

1970: Burgos-Prozess; Anklage mehrerer mutmaßlicher ETA-Mitglieder; während des Verfahrens entführt die ETA den deutschen Konsul in San Sebastián und lässt ihn einige Wochen später in Deutschland frei.

1973: ETA tötet den designierten Nachfolger Francos, den Admiral Carrero Blanco, bei einem Attentat in Madrid.

1975: Tod Francos.

1976–1978: Amnestie für franquistische Verbrechen, Verabschiedung der neuen Verfassung, Staatspakt zwischen Franquisten, PSOE, PCE und Regionalparteien.

1978: Ermordung des ETA-Führers Argala durch eine Gruppe italienischer, französischer und argentinischer Neofaschisten unter Leitung des spanischen Geheimdienstes.

1979: Das Autonomiestatut für die Comunidad Autónoma Vasca erhält (bei einer Wahlbeteiligung von 58 Prozent) 90 Prozent Zustimmung; Einführung der baskischsprachigen Schulen und Verwaltung.

Frühe 1980er Jahre: Verschärfung der ETA-Anschläge, Ausweitung der Anschlagsziele.

Januar/Februar 1981: ETA entführt und erschießt den Chefingenieur des AKW Lemoiz; der Bau des Kraftwerks wird eingestellt.

23. Februar 1981: Putschversuch durch Teile der Armee und Guardia Civil.

1982: PSOE-Wahlsieg.

1983–1987: Aufbau der GAL-Todesschwadronen durch die PSOE; Anschläge im französischen Baskenland gegen mutmaßliche ETA-Unterstützer*innen.

1984: Deindustrialisierung (*reconversión industrial*) zerschlägt die Werft- und Stahlindustrie; Hunderttausende werden arbeitslos.

1984: Entführung der mutmaßlichen ETA-Mitglieder Lasa und Zabala durch die Guardia Civil/GAL; die Überreste der gefolterten Männer werden 1995 identifiziert.

1984: Santi Brouard, Kinderarzt und HB-Politiker wird von den GAL in Bilbao erschossen.

Mitte der 1980er Jahre: Dispersión, Verteilung der ETA-Gefangenen im spanischen Staat.

1986: ETA erschießt Ex-Militante Yoyes vor den Augen ihres Kindes.

1987: Anschlag der ETA auf das Hipercor-Kaufhaus in Barcelona mit 21 Toten.

1988: Pakt von Ajuri Enea; Bündnis aller Parteien gegen die ETA (außer Herri Batasuna).

1989: Verhandlungen zwischen Madrid und ETA in Algerien.

1989: Josu Muguruza, Abgeordneter von HB im spanischen Parlament, wird in Madrid von Rechtsextremen erschossen.

1992: Verhaftung der ETA-Führung in Bidart (französisches Baskenland).

1995: »Alternatiba Demokratikoa«: ETA bietet das Ende des bewaffneten Kampfs an, wenn Spanien ein Referendum autorisiert.

1997: Verhaftung des gesamten Parteivorstands von Herri Batasuna.

1997: Entführung des PP-Gemeinderats Miguel Angel Blanco; ETA fordert Zusammenlegung der Gefangenen und erschießt Blanco, nachdem Madrid nicht nachgibt; Massendemonstrationen gegen ETA im Baskenland.

1998: Verbot der linken Tageszeitung *Egin* durch Ermittlungsrichter Baltasar Garzón.

1998: Lizarra-Garazi-Abkommen; Friedenspakt der Parteien PNV, EA, Herri Batasuna und Izquierda Unida sowie der baskischen Mehrheitsgewerkschaften für das Selbstbestimmungsrecht.

1999: ETA kündigt den Waffenstillstand auf.

2001: Verbot von Batasuna und zahlreicher anderer Organisationen.

2002: Richter Baltasar Garzón eröffnet Massenprozess 18/98 vor dem Sondergerichtshof für politische Verfahren (Audiencia Nacional).

2003: Illegale Schließung der Tageszeitung Egunkaria und Folterung des Chefredakteurs Martxelo Otamendi durch die Guardia Civil.

Mitte der 2000er Jahre: Verbot des Ibarretxe-Plans (Referendum) durch Madrid.

2006/2007: Verhandlungen Madrids mit ETA in der Schweiz.

2007: Der ehemalige Herausgeber der Tageszeitung *Egin*, Xabier Salutregi, wird zu 12 Jahren Gefängnis verurteilt; andere Anführer der politischen Linken erhalten 13 bis 18 Jahre Haft.

2008: Die Zahl der politischen Gefangenen erreicht mit 762 Häftlingen ihren Höchststand.

2009: Aufgrund des Batasuna-Verbots erstmals unionistische Mehrheit im Autonomieparlament; PSOE und PP koalieren; Inhaftierung von Arnaldo Otegi und anderen Politiker*innen der baskischen Linken, die auf ein Ende des bewaffneten Kampfs hinarbeiten; sie werden im Rahmen des »Bateragune«-Verfahrens zu 6 Jahren Gefängnis verurteilt.

2009: Verhaftungswelle gegen Mitglieder der Jugendorganisation Segi; in dem bis 2015 andauernden Prozess werden erneut langjährige Haftstrafen verhängt.

2011: ETA stellt den bewaffneten Kampf endgültig ein; Wiederzulassung von Sortu als Linkspartei, aber Fortsetzung der politischen Massenprozesse.

2012: Das linke Wahlbündnis EH Bildu wird mit 25 Prozent zweitstärkste Partei bei den Autonomiewahlen in der CAV.

2014: Gründung von Podemos.

2015: In Navarra stellt eine Koalition aus baskischen und spanischen Linksparteien (Geroa Bai, EH Bildu, Podemos und Izquierda Unida) erstmals die Autonomieregierung; es ist das erste linke Bündnis ohne Beteiligung der PSOE im spanischen Staat.

2015: Beschlagnahmung von 105 sozialen Zentren (Herriko Tabernak) durch den spanischen Staat.

2018: Die ETA löst sich auf.

Regionen des Baskenlandes

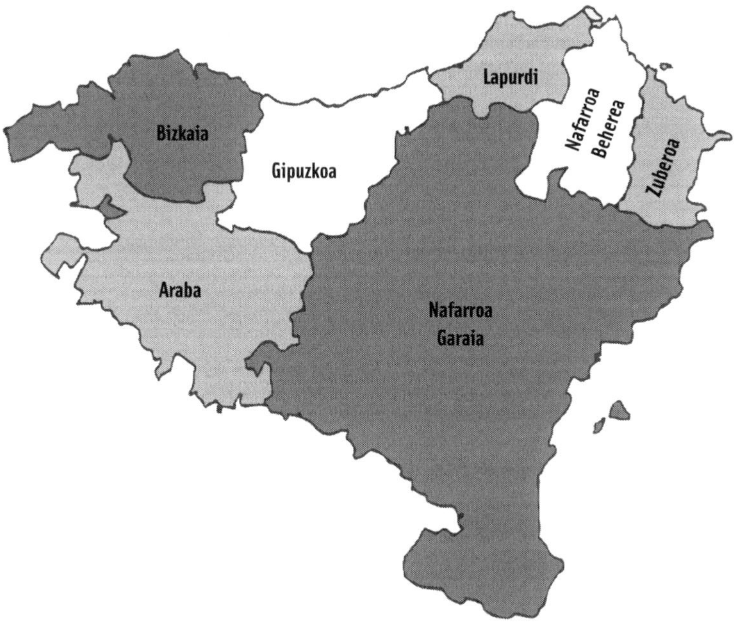